# 精益服务：理论构建与测量工具开发

邢　博　著

南开大学出版社
天　津

图书在版编目(CIP)数据

精益服务：理论构建与测量工具开发 / 邢博著. —天津：南开大学出版社，2017.8
ISBN 978-7-310-05442-8

Ⅰ. ①精… Ⅱ. ①邢… Ⅲ. ①商业服务－研究 Ⅳ. ①F719.0

中国版本图书馆 CIP 数据核字(2017)第 179809 号



南开大学出版社出版发行
出版人:刘立松
地址:天津市南开区卫津路 94 号 邮政编码:300071
营销部电话:(022)23508339 23500755
营销部传真:(022)23508542 邮购部电话:(022)23502200
*
唐山新苑印务有限公司印刷
全国各地新华书店经销
*
2017 年 8 月第 1 版 2017 年 8 月第 1 次印刷
210×148 毫米 32 开本 7.125 印张 176 千字
定价:30.00 元

如遇图书印装质量问题,请与本社营销部联系调换,电话:(022)23507125

# 序言一

管理学理论研究的重要灵感和问题来源应当是管理实践。精益服务（Fine Service）的研究源起于在携程网预订酒店的一次服务体验和思考。当时我去北京参加一个会议，需要在会场附近预订一家酒店。出于对携程网品牌的认可，我选择通过他们来进行预订。我拨打了酒店的预订专线，并向话务员简要描述了我的预订需求，然后请她帮我推荐一家合适的酒店。在我描述需求的过程中，话务小姐始终保持甜美礼貌的声音，还时不时给我一些回应，以表现出她在认真倾听我的诉求。这种互动让我认为她已经明确知晓我的想法，并且能够在我描述之后直接告知我她认为合适的酒店名称，或者至少给我两到三家可供选择的方案。在我描述过后，她开始询问我一些问题，虽然她的声音是甜美的，语气也是友好的，但是这些问题却让我感到些许失望，因为其中一些信息我已经在刚才的描述中反复提到过了。这种流程式的预订方式让我觉得自己是在进行自助预订，而且我不得不面临在对酒店实地情况不甚了解的情况下对程式化问题进行选择与回答的窘境。虽然结果是我完成了酒店客房的预订，但对整个服务体验的感知却远远没有达到我的预期。其实，我只是想让她帮我推荐并预订一家酒店而已。

携程网率先引入 6sigma 质量管理方法，其服务水平也一直被业内和消费者认可。话务员严格地按照服务流程接待我的预订似乎无可厚非，为我带来的服务体验无功无过，这无疑是高标准的服务，却难以让顾客满意。尽管优质服务、卓越服务、顾客满意、标准服务、个性服务等研究主题产生了大量理论与实践成果，我们还是需要探索认识最基本的问题：什么是好服务、如何提供好服务，这正是精益服务研究的立意所在。

邢博博士所著《精益服务：理论构建与测量工具开发》在理论研究与案例研究的基础上较完整地构建了精益服务的理论平台，将顾客价值理论、服务生产力理论、标准化服务、个性化服务、卓越服务和Lean服务等进行了逻辑整合。研究提出的精益服务全景概念和全景理论模型构建了一个涵盖基础理论、企业运营和顾客感知三重视角的服务供应平台，基础理论构建回应了服务企业的服务目标问题，对顾客感知的调查和量表开发与测量回应了“什么是顾客认为的好服务”的问题，源于跨案例扎根研究的企业运营系统则回应了“如何提供好服务”的问题。精益服务全景理论模型为服务领域的未来研究构建了一个新的研究平台，模型中的基础理论、企业运营和顾客感知环节都可以延伸出新的研究课题和研究范式。此外，书中对研究过程的详细描述也为理论构建与量表开发研究提供了参考范本。

一些企业对精益服务研究表现出兴趣并展开了合作，其中不乏平安银行（原深发展）、CCTV经济广告中心、海南航空、中国移动这些大型服务企业，还有一些老牌的制造企业也希望通过我们的精益服务研究帮助其实现服务化转型。与业界合作为研究提供了大量鲜活的素材。

如果用企业经营类比目前服务领域所进行的科学研究，其研究成果可分为三类：第一类是“产品改进”，即对既有服务理论进行的验证性情景化或扩展化研究。就目前服务领域的研究成果来说，大部分研究都属于这一类研究。第二类是出“新产品”，即发展新的理论概念或模型，比如服务品牌内化、旅游者幸福感研究。第三类是“构建商业平台”，即该研究成果可以衍生出一系列的新理论、新模式乃至新范式，精益服务就属于这一类。从研究的实践价值来看，第三类研究往往不仅能够带来局部的服务改进和创新，甚至可以带来服务的根本升级甚至转型。能够遇到并探索一个具有平台属性的服务研究问题，是研究者的幸运，同时要面对巨大挑战与研究风险，也体现研究者的进取和追求。

探索规律真知和解决实践问题的好方法是管理学研究人员最基本的使命。希望本书可以对学者和管理实践者都有启发和参考价值。

此为序

白长虹
南开大学旅游与服务学院院长
南开大学继续教育学院、南开大学现代远程教育学院书记、院长
2016 年 10月
于南开园

# 序言二

邢博老师是我校商学院近年新引进的优秀青年博士教师中的一员，在南开大学完成本科到博士阶段的学习，拥有以管理学为主、经济学与法学为辅的复合型学科背景，专业基础扎实全面，善于用多种思路解决问题，视野开阔，有较强的创新意识。近日，接到邢博老师邀请，约我为其学术新作《精益服务：理论构建与测量工具开发》作序。说实在话，本人很少为别人著作作序，就像不情愿面对媒体记者采访镜头一样，担心有矫柔造作或误人子弟之嫌。但这次却实属例外，我欣然且毫不犹豫地答应了邢老师的序约，理由有三：

其一，粗略阅读邢博老师的著作文稿，其对精益服务规范的实证研究使我印象深刻。邢博老师的学术新作将有助于强化我校天津市工商管理重点学科的一个重要研究方向——服务管理方向。“十二五”以来，我校工商管理重点学科获资助国家自然科学基金项目 5 项，国家社科基金项目 1 项，省部级纵向课题 39 项，而且研究成果主要集中在区域旅游发展与旅游企业管理、知识管理与知识员工管理、企业资源与营销战略管理、公司财务行为与利益相关者保护研究等方面。按照工商管理重点学科“十三五”发展要点，其间将新增服务管理方向并逐渐聚焦相关系列研究成果。无疑，该专著将对该方向的研究成果积累起到助推作用。

其二，邢博老师的学术著作具有理论创新与实践指导双重意义。研究表明，服务是一种顾客作为共同生产者的、随时间消逝的、无形的经历，服务渗透到当今社会每个人生活的方方面面。正如 James A. Fitzsimmens 等在 Service Management: Operation, Strategy, Information Technology（7th Edition）一书中所言，服务在任何社会中都处于经济活动的中心。邢博的专著通过对服务营销理论的深入研究，构建了精益服务（Fine Service）全景理论模型，设计、开发并检验了精益服务的测量工具（FS 量表），而且，作者先后在《管理评论》《科学学与科学技术管理》等重要期刊上发表过多篇论文，对精益服务的探讨顺应了服务营销与管理学科的发展趋势，为更好地揭示优质服务现象提供了全新的视角和理论分析工具。总之，邢博老师的著作丰富了服务营销与管理学领域的成果体系。

其三，期望邢博老师学术著作的出版可以为商学院其他青年博士老师起到示范带头作用。我校商学院现有专任教师 107 人，其中博士学位教师 52 人，占近 50%。尤其是近年来，商学院先后引进 10 多位青年博士教师，他们已经和正在成为做强做大商学院天津市重点学科和天津市高校人文社科重点研究基地的新生力量与学科发展推动力。因此，从学院层面，将把支持与鼓励青年博士教师积极从事高水平科研和教学研究作为工作的重点，常抓不懈。商学院的未来和希望在于包括邢博老师在内的青年教师的积极进取和学术担当！

是为序

王庆生

天津商业大学商学院院长

天津商业大学管理创新与评价研究中心主任

2016 年 11 月

于玉兰苑

# 目 录

# 第一章　绪　论

## 第一节　选题的现实背景

### 一、服务业对经济的贡献日渐显著

自“经济”一词产生以来，经济与价值就始终密不可分，而经济形态也经历了从农业经济到工业经济，再到服务经济以及近年来开始逐渐热门的体验经济的发展蜕变过程。英国经济学家约翰·杜宁在分析生产的服务形式时，将社会进化划分为三个时期，分别是从 17 世纪初到 19 世纪以土地为基础的农业经济，从 19 世纪到 20 世纪末以机器为基础的工业经济，以及从 20 世纪末开始以金融或知识为基础的服务经济时代。在全球国内生产总值（以下简称 GDP）总量中，服务业增加值的比重已经超过 60%，发展中国家服务业的平均比重已经达到 47%，而发达国家则高达 70%。服务经济已经成为发达国家明显区别于发展中国家的竞争优势，并且成为发展中国家未来发展经济的努力方向。[①]

研究和实践表明高质量的服务能够带来可观的利润和市场

① 程龙生. 服务质量评价理论与方法. 北京：中国标准出版社, 2011：2.

份额，并且能够有效节约成本（Thompson, DeSouza & Gale, 1985; Rudie & Wansley, 1985）。进入 21 世纪，服务业迅猛发展，甚至超越制造业成为一些国家的经济支柱，许多发达国家约 80%的 GDP 来源于服务业。在《财富》评出的 2011 年世界 500 强企业中，从事服务及相关行业的企业有 231 家。在国际品牌集团（Interbrand）公布的 2011 年最佳中国品牌价值排行榜中，服务企业占据了榜单前十名中的九个席位，在上榜的 50 家企业中，服务企业有 28 家，占比 56%，其中 IT 服务业、教育业、金融业都有迅猛的发展。服务业不仅为各国 GDP 做出了巨大贡献，吸纳了大量劳动力，更与人们的日常生活息息相关，渗透在衣食住行、文教卫生等各个领域。

另一方面，服务业与制造业之间的关系也变得越来越密切，并且逐渐形成了良好的互动机制，许多制造企业的专业服务呈现外包趋势，业务中的服务投入大量增加，制造业与服务业的彼此依赖程度日益加深。国内外许多传统制造型企业开始通过大规模的进入或兼并收购工业生产型服务业来整合原有业务，如 IBM 公司在 20 世纪 90 年代实现从制造企业向综合解决方案供应商的服务企业的成功转型，并从其为硬件业务所做的基本服务中获得了 33%的收入；通用公司进入金融业为其客户提供贷款，以此刺激其产品的销售，并打算通过服务来创造 75%的利润（潘军，2009）；惠普公司兼并服务型企业为客户提供从硬件到软件、从销售到咨询的全套服务等，都表明现代生产型服务业与制造业之间的关系日益密切并相互促进。毋庸置疑，21 世纪将是属于服务和服务科学的时代（Katzan, 2008）。

## 二、一些有趣的服务现象引发的思考

从每天早上出门的那一刻起，我们便时刻处在各种服务的包围中。科技的进步推动了服务业的发展，极大地提高了服务效率和产出，使人们的生活越来越便捷。在追求效率与速度的今天，顾客对服务的要求已远远超过了技术质量的范畴，而上升到追求更高的情感体验的层次。他们渴望在服务中获得关心和关注，渴望得到一些在现实生活中难以得到的感觉。

对精益服务（Fine Service）的关注源起于研究团队在携程网预订酒店的一次服务经历。携程网是国内领先的在线服务公司，为会员提供酒店、机票等多种电话和网上预订服务，其标准化和精细化的创新式管理模式和服务流程曾经被业界与学界津津乐道。但面对我们提出的“我订哪家酒店比较合适”的简单问题，礼貌的客服小姐讲了好几分钟都没有直接给出我们答案。当然，客服小姐的回答是严格按照携程网的标准化流程进行的，而这也正是其服务效率和服务质量的保证。但作为顾客的我们不禁会想：我只需要一个简单的答案，而不是冗长的建议。我的要求并不复杂，直接推荐给我一个酒店会这么困难吗？这究竟是我想要的服务吗？

海底捞的例子从另一个侧面给了研究者启发。作为一家味道并不十分出众的火锅连锁店，海底捞的成功来自其近乎“变态”的服务。从提供免费的美甲、擦鞋、桌游，到为带小孩儿的顾客提供婴儿床，再到令人瞠目结舌的火锅外卖，海底捞总是在不断挑战人们的想象。海底捞的员工总是能流露出很自然的热情，他们愿意与顾客交朋友，并乐于满足顾客的各种合理要求，甚至可以为了顾客无心的一句“你们没有冰激凌吗”而特地跑出去买来免费送给顾客。很多顾客都这样评价海底捞的服务：“在海底捞，我能体验到一种充分被尊重的感觉，觉得自己就像上帝一样，这在平时的生活和工作中是几乎体会不到的。”作为一名服务人员，同时也是海底捞的忠实顾客，研究者又不禁会想：同样作为餐饮企业，其他火锅店甚至高档餐厅为什么做不到海底捞这样的“变态”服务呢？海底捞的经验可以复制吗？

从一些国际知名的服务企业中我们也能找到很多相似的例子：无论是全球最大的比萨连锁店必胜客标榜的“欢乐餐厅”，还是世界顶级酒店 Ritz-Carlton 一向坚持的“奢华体验”，无论是花旗银行的“花旗永不眠”还是渣打银行的“做每一个对象的理想伙伴”，情感与体验的元素都融入其服务的精髓之中，并且成为其长盛不衰的关键。

## 三、人们通过选择服务供应商展示自己的层次与个性

在实践中，服务的发展日趋多元化和丰富化，服务层级的划分也越来越清晰。与奢侈品一样，服务供应商逐渐成为区分顾客身份地位的另一种象征。与产品背后所代表的消费能力和社会地位相比，服务供应商的选择不仅能体现顾客的财富地位，还能体现出顾客的知识水平、价值取向和个性特征。举一个简单的例子来说，一款 LV 限量版皮包的所有者可以是拥有较高的知识水平和素质的社会精英人群，也可以是靠劳动生产发家致富的个体商贩。所不同的是前者对 LV 的喜爱大多出于社交需求或者对 LV 品牌内涵的喜爱，而后者则多是出于单纯的对奢侈品的追捧。

在服务业中，这种情况并不多见。虽然一些特色突出的经济型服务企业也同样会吸引很多拥有较高消费能力的高层次人群，但对世界顶级的服务企业来说，他们的顾客群体却相对集中和固定，群体的组成也比奢侈品的顾客群体要纯净许多。在我们身边就有这样的例子：驾驶奔驰汽车的车主既有文化层次和素质较高的知识分子或大型企业业主，也有文化水平较低的私营业主；使用爱马仕皮包的既有接受过高等教育并驰骋职场的女强人，也有目不识丁、整天聊天打牌的暴发户夫人。但当我们出入丽思卡尔顿这样的世界顶级酒店时，我们却很少见到这样的场景。无论我们选择哪一家服务企业，我们都会在服务场所见到很多与我们相似的顾客。这些顾客在文化层次、个性特征和价值观方面都有很

高的相似性，至少在服务场所中能表现出一定的相似性。丽思卡尔顿酒店大堂里的顾客都是非常友好和善的，也许当他们走出酒店时，他们会体现出蛮不讲理且霸道的一面，但至少在酒店中，他们都是文质彬彬且有层次的。

我们可能都有过这样的亲身体验，拿移动电话来说，除去那些全球限量发行的早已脱离移动电话使用意义的顶级奢侈品，一款高端移动电话与普通移动电话的价格差距一般不会超过 5 倍。但在服务行业，在一家高档酒店用餐的花费可能会是在一家普通餐馆用餐花费的 10 倍甚至几十倍。在酒店业，既有汉庭、如家这样的经济型酒店，也有丽思卡尔顿这样的高档国际商务酒店，还有类似于悦榕庄的豪华度假酒店。在同样满足就餐、住宿等相同的功能性需求的基础上却出现了如此大的差异，差异背后的原因引起了一些学者的思考和探讨。服务管理思想对企业的一个重要启示就是要获得市场经济下的高顾客满意并实现差别化的竞争优势，就必须在核心产品之外通过服务附加更多价值，以此吸引顾客，扩大产品的市场份额（程龙生，2011）。

精益服务是服务中的奢侈品，是带给人美好体验的优质服务。就像很多人都梦想自己能拥有一件奢侈品一样，也有很多人梦想着能体验到精益的服务。当然，精益服务不同于奢侈品，并不能单纯地用价格来衡量。随着人们生活品质的提高，消费者的眼光越来越挑剔，他们希望能够体验到精益服务中的奢华感觉，并且愿意为此而支付对价。如果说 LV、爱马仕、卡地亚、万国表等是产品中的奢侈品，让无数消费者痴迷，那么也存在服务中的“奢侈品”吗？如果香奈儿让女人沉醉的是其迷人的芳香以及背后蕴含的华丽、现代、摩登，兰博基尼让男人迷恋的是其挑战极限、傲视对手、豪放鬼怪的个性精神，那么服务中的奢侈品又需要用什么来吸引消费者呢？如果“顶尖设计”“纯手工制造”“稀有材料”“限量发行”等极具奢华感的名词是描述奢侈品的常用词，那么我们又需要用哪些词语去勾勒和描绘服务中的“奢侈品”呢？同样是趋之若鹜的价格，“奢侈的服务”要凭借什么让消费者甘心买单呢？在顾客的眼中，当一件完美的“奢侈服务”呈现出来的时候，她又将是一个什么样的形态呢？

高质量的服务是企业区别竞争对手、获取竞争优势、抵制国外竞争者的入侵并进行国际化的重要途径（Armistead，1989）。在顾客生命周期中，向顾客传递高质量的服务一直被认为是在当今市场竞争环境中生存和成功的基本战略（Dawkins & Reichheld, 1990; Parasuraman et al., 1985; Zeithaml et al., 1990）。杨和陈（Yang & Chen，2000）指出价格和质量已经不能对顾客形成足够的吸引力了，服务则成为保持顾客忠诚的决定因素，一家公司所提供的服务质量和水平将对公司长期的市场份额与利润产生巨大的影响。实践与理论的发展引起了人们对这些成功服务企业的广泛关注，并以此为案例发表和出版了众多学术论文、专著和书籍，试图解密隐藏在服务表象背后的故事。这些研究为我们理解隐藏在服务现象背后的本质提供了很多宝贵的经验。但是仔细看来我们会发现，这些书籍和专著基本都是对成功的服务企业服务战略和具体策略的描述与总结，虽然帮助我们对服务企业的具体情况有了更加广阔和深入的了解，但是并未抽象到理论的层面。而解释这些服务现象的研究文献虽然在严谨的方法论引导下进行了理论上的抽象和概括，但也基本都是在服务质量的理论框架下进行的，具有一定的研究局限性。

## 四、新媒体提升顾客话语权

商业的目的是创造和留住顾客（Theodore Levitt, 1983）。目前我国一些服务企业仍然沿用产品视角的服务质量评价方法，而非顾客视角的服务质量评价方法，只注重满足顾客的技术质量，认为只要我们提供的服务类别多样，且产品过硬，那么就能为顾客提供优质的服务。例如一些金融企业标榜自己的金融产品如何丰富，能够满足不同投资者的投资需求，能够为投资者带来多么客观的投资收益。但是当顾客步入营业厅时，经历的却经常是繁琐的服务程序、冗长的排队人群以及服务人员不耐烦的表情和口气。同样，一些美容美发机构经常以使用的美容美发产品优质、美容师和美发师技术精良等作为吸引顾客的重要手段，并以此作为评价自身服务质量的重要指标，一些经营者甚至认为只要他们使用的美容美发产品价格昂贵，美容师和美发师是高薪聘请的专业人员，服务质量就必然提高，顾客就必然买账，事实却往往并非如此。

新媒体技术的发展让世界变得越来越小，短信互动、网上社区和论坛、博客、微博、微信等技术让口碑传播的影响力越来越强，而“大众点评网”“去哪儿网”“携程网”“百丽吧”等网站为顾客提供了一个交流消费心得和评价商家的平台。对年轻一代来说，当选择一项未知服务时，如去某个餐馆用餐、选择某家婚纱摄影机构、去某个酒店入住，很多人都要先到这种消费评论性网站或社区上查一下，购物网站中的“用户点评”也是很多消费者做出购买决定的重要参考。可见，新媒体技术扩大了顾客的消费经验交流平台，增强了作为买方的顾客在与商家博弈中的力量，这也迫使广大商家更加关注顾客，通过种种反馈找出哪些是顾客关注的，哪些方面存在服务缺陷等，并投其所好，根据顾客的喜好反思和改进服务产品及服务流程。生存的压力让企业不得不将顾客视角作为思考问题的出发点，为顾客提供他们喜欢并乐于接受的服务。

# 第二节 选题的理论背景

## 一、服务研究发展的新趋势

（一）从工业逻辑向服务逻辑转变

从经济学之父亚当·斯密（Adam Smith，1776）讨论了经济学的发展与市场交换研究中的价值和价值创造之后，工业逻辑进入了一个漫长的发展时期,并作为企业经营普遍遵循的黄金法则。在工业逻辑中，企业奉行的是价值链的思维，企业与顾客的关系是对立的，企业为顾客创造价值，而顾客则作为被动接受者，“酒香不怕巷子深”“有货不愁客”就是这种思维方式的真实写照。在顾客与企业的交易过程中,顾客通过支付价款获得产品的所有权，期间所产生的服务只是一种特殊情况，是营销产品的一种手段（Mathieu, 2001; Lovelock & Wirtz, 2007），而创新也只是创造新产品的手段。随着经济的快速发展，服务业开始逐步摆脱工业附属品的地位，并凭借其对全球经济日益突出的贡献引起了人们的广泛关注，而服务逻辑也逐步取代工业逻辑成为经济发展的主导逻辑。格罗鲁斯（Gronroos，2006）认为产品营销会和服务营销重合，且服务导向的原则将占据主导地位。服务逻辑认为交换是以服务为基础的，专业技术和知识的应用是交换的基本单位，产品是传递服务的工具，这从本质上对经济学基础提出了挑战（Vargo & Lusch, 2004）。此时，服务不再是产品的营销手段，而本身就作为产品出售给顾客（Mathieu, 2001; Lovelock & Wirtz, 2007）。与工业逻辑不同，服务逻辑采用的是价值群思维，认为企业与顾客并不是对立的两个阵营，而是一起创造价值的积极的合作生产关系。为此，著名服务管理学者菲茨西蒙斯提出了服务的开放系统观点，他指出："服务的独特性要求将系统视野扩大，将作为参与者的顾客包括在内"（邢博等，2012）。在顾客与服务企业交互的过程中，顾客获得了服务的访问权或使用权，此时产品成为一种特殊情况，是作为服务传递的媒介而存在的。在服务逻辑中，创新包括了更加宽泛的概念，创新的目的并不是单纯的产品创新，还包括通过合作生产方式实现的技术创新、流程创新乃至价值创新。黑克尔（Haeckel，1999）观察了成功企业从"制造—销售"战略向"感知—回应"战略转变的实践，发现在服务中心的营销视角中，企业处于一个又一个不断的假设检验过程之中，经营业绩（如财务指标）并不是公司最大化的目标，而是用以检验公司是否为顾客提供了更好的服务并改善了公司绩效。因此，一个市场导向和学习型组织（Slater & Narver, 1995）是与服务中心的营销模型一致的。

（二）顾客视角成为服务研究的出发点

在对营销理论和顾客导向的应用中，服务业通常滞后于制造业（George & Barksdale, 1974; Lovelock, 1981; Parasuraman, Berry & Zeithaml, 1983）。一般来讲，与制造企业相比，服务企业对市场的重视程度较低（Lovelock, 1981）。美国学者赫斯克特（Heskett, 1986，1987）提出了"市场经济性"的概念，指出服务管理不应过多强调规模经济性，应将服务管理的总体思路集中于"市场经济性"，即通过更严格地实施市场导向实现竞争优势和获取盈利。格罗鲁斯（Gronroos）更是用"顾客关系经济学"的观点进一步解释了"市场经济学"的判断准则。服务中心的营销视角是以顾客为中心（Sheth, Sisodia & Sharma, 2000）和市场驱动的（Day, 1999），这意味着服务中的营销主导逻辑不仅仅要坚持顾客导向，还要了解并与顾客进行合作，以满足顾客个别的和动态的需求。在服务业中，顾客需求是多元的，有的以追求功利为主，希望通过接受服务获得某种功能上的或实际的利益，如零售、理财、咨询；有的则是希望通过激动人心的服务体验激发某种强烈的或美妙的情绪反应或感受，我们可以将其称之为享乐性需求，如到剧院欣赏歌剧，观看演唱会（Krishnan & Olshavsky, 1995）。特德·莱维特（Ted Levitt）教授指出销售与营销的区别在于"销售关注的是卖方的需求，而营销则关注买方的需求"。杰克逊等（Jackson & Humble，1999）在其研究中写道："要将你自己和你的团队完全沉浸在服务这门艺术中，从顾客的视角和你自己的视角同时了解对服务的感知，这两个视角感知的差异能够揭示造成服务优劣的原因。"他认为顾客视角要求企业在进行服务之前，能够先尝试回答以下几个问题：

1. 我们的顾客是谁？
2. 他们想从我们这里得到什么？
3. 他们的需求是如何变化的？
4. 我们如何才能知道他们的需求？
5. 我们如何最有效地满足这些需求？

当以顾客为中心的理念逐渐深入到学者们的研究思维当中时，营销便成为服务研究与实践最早的研究领域（Fisk & Grove, 2007）。在对服务相关研究的梳理中我们发现，无论是对服务的概念及特征的研究（Lehtinen, 1983; 杉本辰夫，1986; Juran, 1988; ISO9004, 1992; Gronroos, 2002; Kotler et al., 2003; 陈荣平，2006; Varrgo, Maglio & Akaka, 2008），还是对服务质量管理的研究（Zeithaml, Parasuraman & Berry, 1985, 1988; Armistead, 1989; Edvardsson, 1998; Yang & Chen, 2000; Wong & Sohal, 2002; Chen et al., 2007; Camarero, 2007; Chowdhary & Prakash, 2007），无论是对服务关系的研究（Christopher et al., 1991; Mattsson，1997; Rosen & Surprenant, 1998; Gronroos, 2000; Storbacka & Lehtinen, 2001; Macintosh, 2002; Neslin et al., 2006; Ryals et al., 2007;

Camarero, 2007 ), 还是对服务互动的研究( Carlzon, 1989; Normann, 1991; Price et al., 1995; Gremler & Gwinner, 2000; Bailey et al., 2001; Wong, 2004; Smith, 2006 ), 无论是对服务价值与体验的研究( Liljander & Strandvik, 1997; Johnston, 1999; Edvardsson et al., 2006; Patricio et al., 2008 ), 还是对服务创新的研究 ( Kim & Mauborgne, 1997; Nijssen et al., 2006 ), 不管是明确提出, 还是隐晦表达, 与服务相关的所有研究领域几乎都或多或少地弥漫着顾客视角的思想。

理想的精益服务, 应该是企业与顾客的双赢, 是顾客导向与运作导向的完美结合。然而, 在"顾客视角"成为服务管理理论发展主流的今天, 越来越多的研究开始过多地从"顾客视角"考虑问题, 甚至忽略了服务管理理论的基础——运作理论。如在服务质量研究中片面探讨如何提高服务质量, 而忽视了提高质量所带来的成本提升或者服务传递系统的质量与服务质量的一致性等问题。运作管理与顾客视角的脱节让服务管理研究失去了实践的土壤, 并没有达到预想的效果。正如罗伯特·约翰斯顿 ( Robert Johnston, 1999 ) 指出的, "随着运作、营销和人力资源管理的相互交叉, 我们需要重新关注传统的运作管理理论, 来促使服务管理理论更加严密、更加有深度"。赫伍德等 ( Hawood & Pickworth, 1988 ) 的研究也发现努力改进质量和提高生产率之间不是必然相互排斥的, 如果企业采用正确的方式, 是可以达到既促进服务质量, 又提高生产率的双赢局面的。基于此, 本研究不仅探索了在顾客视角下, 顾客感知到的精益服务是什么样的, 还挖掘了在运营视角下, 企业是如何实现精益服务的。

## 二、精益服务 ( Fine Service ) 的研究及理论空白

白长虹等 ( 2010 ) 和李中 ( 2010 ) 在国内较早的利用服务频谱的形式对不同服务企业的服务水平和表现的差异性进行解释,

并引入了精益服务（Fine Service）的概念。他们将服务频谱的一端设定为服务的标准化水平，另一端设定为服务的个性化和体验化水平，不同的服务企业都能通过这两个维度在频谱上寻找到自己的定位。李中（2010）在其博士毕业论文中通过扎根理论研究对精益服务（Fine Serivce）进行了概念界定，指出精益服务是"以情感价值为核心，个性化体验为主要形式的服务"。他将服务分为标准服务与精益服务，并指出这并不是互相排斥的分类，而是一个从标准服务向精益服务渐变过渡的过程。王潇（2011）从服务范式的角度着手，利用案例研究方法对精益服务的概念进行了完善，将企业资源投入和顾客投入因素引入到服务频谱中，提出了精益服务的理论框架，并对其实践应用策略进行了探索和实证检验。服务频谱示意图参见图 1.1。

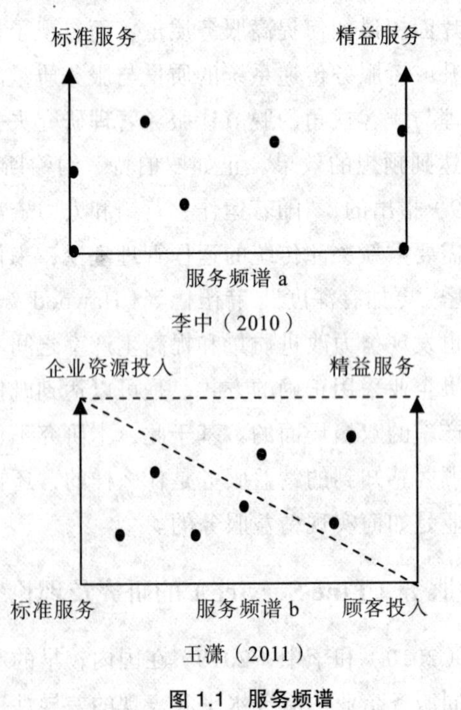


**图 1.1 服务频谱**

在研究中，很多学者对精益服务（Fine Service）的概念提出质疑，并将精益服务与基于精益思想的服务（本书简称 Lean 服务）相混淆。“精益”一词在汉语中是“极好”的意思，有成语“精益求精”，用以形容不满足于现状，努力追求更好的状态[①]，可见汉语中的“精益”与 Lean 的概念截然不同。Lean 服务关注服务运营过程，为实现服务的技术质量提供管理工具，如 5S 管理和成本管理。精益服务（Fine Service）是一种全新的服务模式，是包含了概念要素、感知维度、路径与机理、管理工具在内的完整的理论构建，二者无论是在宏观层面的核心思想和战略选择上，还是在微观层面的服务对象与管理工具上都是完全不同的两个概念。精益服务与 Lean 服务的混淆完全是由语言使用习惯和翻译误差造成的。

精益服务（Fine Service）的理论研究尚处在探索阶段，虽然已经迈出了重要的一步，但精益服务理论体系的构建还有很多尚待解决的问题：

第一，需要研究精益服务的顾客感知问题。现有的精益服务研究更多地体现了企业视角，对顾客的研究相对较少，没有明确回答“顾客眼中的精益服务是什么样”的问题。通过对前期研究过程的梳理，本研究发现无论是李中（2010）还是王潇（2011），对精益服务概念化的研究资料大部分来自企业内部，或是深度访谈，或是内部资料，对客户的关注则较少。

第二，探讨精益服务与现有服务理论的关系问题。虽然对精益服务的研究源于服务实践，且在现有的服务理论体系中并没有精益服务的概念，但精益服务并不是一个完全独立的理论体系，而是与现有的服务理论有着千丝万缕的联系。对精益服务与现有

---

① 精益求精：指学术、技术、作品、产品等好了还求更好。出自：中国社会科学院语言研究所编《现代汉语词典》，2000 年。

理论关系的探讨不仅能够增加精益服务的理论说服力，也能为构建准确完善的精益服务理论体系提供宝贵的借鉴经验。

第三，探索构建系统化的精益服务理论体系。现有研究主要集中在对精益服务的概念、维度和策略的研究上，研究结论与发现比较零散，没有展现精益服务从理论根源到运作机制再到顾客感知的全貌，也没有构建起精益服务的理论体系。

第四，开发精益服务的有效测量工具。精益服务的现有研究基本停留在概念化阶段，尚未开发有效的精益服务测量工具。而测量工具的缺位也使确定精益服务与相关理论和要素之间的关系、验证精益服务的概念和理论体系等一系列研究问题难以开展。

## 三、研究问题和意义

通过对本选题的现实背景与理论背景的分析，结合精益服务研究的现状与理论空白，本研究准备对以下几个问题进行研究：

1. 精益服务与现有的服务理论是否存在继承关系？以何种方式继承？

2. 精益服务的理论体系包括哪些要素？各要素之间的关系是什么？

3. 顾客感知到的精益服务的具体形态是什么？具有哪些显著特征？

4. 如何测量顾客感知的精益服务水平？

5. 精益服务与相关服务概念或理论具有何种联系？

6. 精益服务的全景模型是什么样的？

在逐一回答上述问题的基础上，本研究将重新界定精益服务的概念，挖掘精益服务理论体系所具有的理论和现实意义。如果上述问题一一得到妥善解答，那么本研究所构建的精益服务理论体系和全景模型将首次揭示精益服务从理论根源到运作机制再到顾客感知的全貌。不仅如此，本研究所开发的顾客感知的精益服务测量量表（FS 量表）也将填补精益服务测量工具的空白。

## 第三节 研究方法与研究框架

### 一、研究方法

本研究是关于精益服务（Fine Service）的探索性研究，采用演绎与归纳相结合的逻辑研究方法，综合运用案例研究、扎根理论研究、内容分析、统计分析等多种方法和工具，构建精益服务的理论模型，识别精益服务的主要特征，开发精益服务的测量量表并检验其有效性，进而提出精益服务的全景模型。

（一）演绎—归纳

归纳法在经济学领域的应用要追溯到亚当·斯密在 1776 年提出的劳动分工理论。在管理学领域，泰勒提出的科学管理理论和法约尔提出的 14 条管理原则、5 种管理职能都是早期运用归纳法发展理论的典型代表。归纳法是从观察入手创建理论的方法，是通过研究具体的经验事实进而形成理论并用之于理论假设的过程。归纳法是探索性研究的常用方法，因为在管理研究中遵循归纳原则的最大好处是保证研究结论能够建立在经验事实的基础上，为建立普遍性命题打下基础[①]。与归纳法相反，演绎法是从理论研究入手，通过一系列具有逻辑性的推理提出假设并进行验证的过程。

演绎法与归纳法各有优劣，在科学研究中很难将二者截然分开。著名经济学家凯恩斯在回答经济学是否只能使用归纳法或演

① 孙国强. 管理研究方法. 上海: 格致出版社, 上海人民出版社, 2010: 199.

绎法研究问题时，首次提出了演绎—归纳分析方法，将二者放入一个循环往复的研究过程中，取长补短，共同发展理论（参见图1.2）。

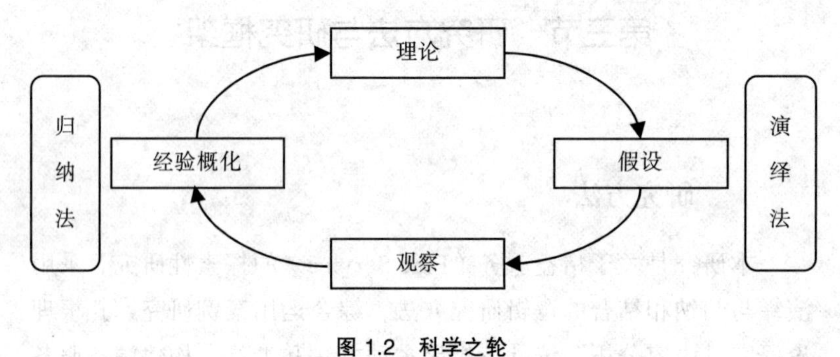


**图 1.2 科学之轮**

资料来源：孙国强，2010。

本研究采用了演绎—归纳的分析方法，首先通过理论演绎判断精益服务与相关服务理论之间的继承关系，绘制服务频谱，确定精益服务的理论边界，再通过对服务企业与顾客的观察研究归纳出精益服务理论体系的构成要素和精益服务顾客感知的关键维度，最后在对精益服务量表的开发与有效性检验后构建精益服务的全景模型。

（二）案例研究

案例研究是探索性研究的常用方法，并且经常用于发展理论，其目的是通过对具体案例的深入分析构建理论，在验证理论、阐释概念、描述未知的重要现象等方面十分有效（Eisenhardt, 1989）。案例研究方法的研究焦点集中在当前问题，适用于回答“怎么样”和“为什么”，并且在研究中不需要对过程进行控制（Yin, 2003）。对精益服务的研究源起于对种种服务现象的思考，案例研究的方法最有利于植根实践土壤，确保理论构建与服务实践的高度契合。本研究选取了三家分属不同行业和不同档次的具有代表性的优秀服务企业，通过跨案例研究的方法识别精益服务理论体系的构成要素，检验并修正研究模型。

（三）扎根理论研究

在案例研究的具体操作工具方面，本研究选取了扎根理论研究方法。扎根理论研究方法是格拉斯和斯特劳斯在 1967 年提出的，主要宗旨是从经验资料的基础上建立理论（陈向明，2000）。扎根理论的主要分析思路是比较，通过在资料和资料之间、理论和理论之间进行不间断的对比，根据资料与理论之间的相关关系提炼出有关的类属及其属性，因此也被称为“不断比较的方法”。本研究将收集关于案例企业的大量文字资料和访谈资料，并运用扎根理论研究方法寻找服务企业内部实行精益服务的做法和模式,解密企业内部精益服务运营的“黑盒”,检验并修正研究模型。

（四）内容分析

内容分析产生于 18 世纪欧洲的传播学领域,是介于定量与定性研究之间的半定量的规范研究方法，通过对各种显性信息的内容进行客观、系统和定量的描述发现问题、构建理论。与其他研究方法相比，内容分析法的最大优点在于能够在不影响研究对象的情况下研究社会行为和现象，消耗的成本也相对较低（艾尔·巴比，2007）。服务是否优质是由顾客评价的，因此作为优质服务的理论概念的精益服务也应当由顾客评断。对顾客来说，精益服务的具体形态反映在其对服务的具体评价中，即精益服务的若干特征中。本研究以来自酒店、金融、餐饮、摄影和医疗美容 5 个服务行业的 8 家代表性企业的顾客访谈与评价作为原始数据，进行内容分析，探索顾客感知到的精益服务的具体形态和主要特征，深化研究模型。

（五）统计分析

统计分析通过对研究数据的综合处理反映数据之间的深层次关系，解释事物之间的内在数量规律。在理论构建的研究中，统计分析通常用来验证研究假设或理论模型，不仅能够为管理研究提供清晰精确的形式化语言，还能利用理论进行科学预测的重要手段。本研究首先通过理论演绎和案例归纳等一系列质化研究大胆地提出了精益服务的理论模型，接下来的统计分析便是对该模型“小心求证”的必要步骤。精益服务的测量问题不仅是精益服务理论的重要组成部分，更是对精益服务进行各种统计分析的基础问题。基于此，本研究从顾客评价出发，围绕精益服务的关键维度，通过 3 项独立研究开发了精益服务的测量量表，运用 SPSS16.0 和 AMOS17.0 软件分别检验了量表的构念效度、区分效度、汇聚效度、增加效度和法则效度，不仅为精益服务提供了一套可操作的测量工具，更验证了精益服务的理论模型。

结合上述研究方法，本研究拟定的技术路线如图 1.3 所示。

## 二、结构安排

本研究结合具体的技术路线，通过质化研究与量化研究相结合的方法，通过四个阶段的研究建立精益服务的理论体系和全景模型，拟分八个章节进行写作，整体结构如图 1.4 所示。

（一）研究准备阶段

第一章：绪论。阐明选题的现实背景和理论背景，确定研究主题和意义，介绍研究方法和研究思路。

（二）精益服务理论体系构建阶段

第二章：精益服务的理论溯源。探索精益服务与顾客价值理论、服务生产力理论和优质服务相关理论之间的继承关系，明确精益服务的理论边界，绘制服务频谱，确定精益服务在服务频谱中的位置，初步提出精益服务的概念。

第三章：企业视角下的精益服务理论构建。采用多案例比较的质化研究方法，通过对三家来自不同服务行业和不同规模档次的代表性服务企业的扎根理论研究构建企业视角下的精益服务理论模型，论证第三章提出的精益服务概念。

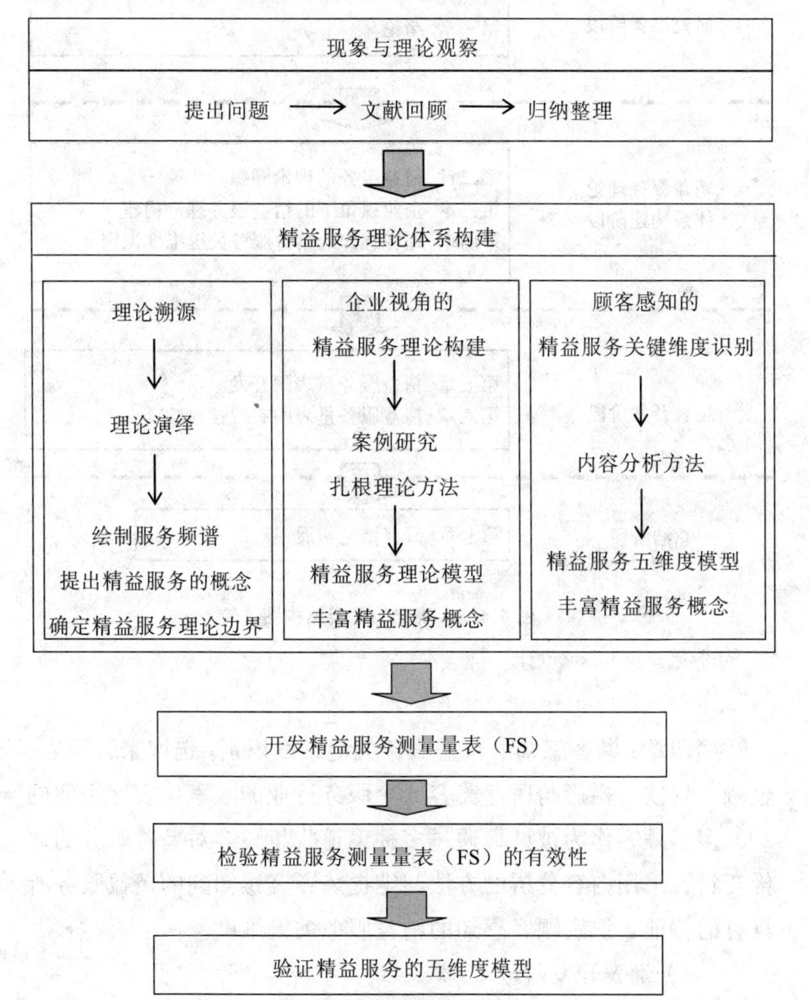


**图 1.3 本研究的技术路线图**

资料来源：本研究设计。

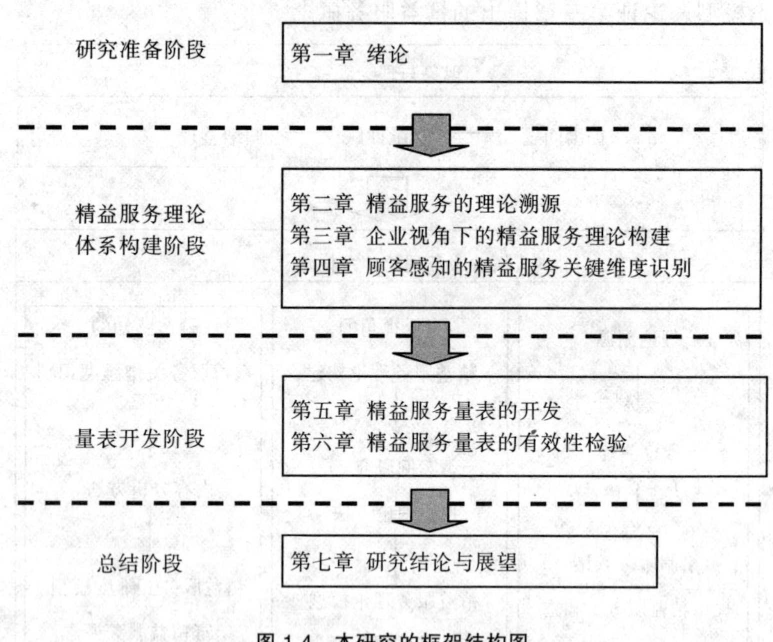


**图 1.4 本研究的框架结构图**

资料来源：本研究设计。

第四章：顾客感知的精益服务关键维度识别。选取来自酒店、金融、餐饮、摄影与医疗美容 5 个服务行业的 8 家代表性企业的 200 多名顾客作为被试，通过多种渠道收集顾客对精益服务的评价资料，采用内容分析的方法归纳提炼顾客感知到的精益服务所具有的特征，识别顾客感知的精益服务关键维度。

（三）量表开发阶段

第五章：精益服务量表的开发。系统介绍量表开发的原则与一般步骤，详细阐述精益服务测量项目的设计与开发过程，通过 146 个样本的问项测试进行项目分析。经过项目筛选与量表优化，最终开发出由 5 个维度 15 个问项组成的精益服务量表。

第六章：精益服务量表的有效性检验。通过先后两个独立研究检验 FS 量表的有效性。在研究一中，通过 377 名被试者的样本对 FS 量表进行验证性因子分析（CFA）和构念效度检验，并采用 AVE 和二阶验证性因子分析检验 FS 量表的区分效度和汇聚效度。在研究二中，引入顾客情感与顾客忠诚作为效标变量，通过 220 名被试者的样本分别检验 FS 量表的增加效度和法则效度。

（四）总结阶段

第七章：研究结论与展望。回应研究问题，阐述研究结论、创新点、管理启示和研究展望。

# 第二章 精益服务的理论溯源

演绎与归纳是逻辑研究的两种常用方法。在本章中，本研究将探索精益服务与顾客价值理论、服务生产力理论和优质服务相关理论之间的继承关系，明确精益服务的理论边界，绘制服务频谱，并确定精益服务在服务频谱中的位置。

## 第一节 顾客价值理论

随着竞争优势理论的发展和繁荣，作为竞争优势重要来源的顾客价值（Customer Value，CV）研究应运而生（Woodruff, 1997）。早在竞争优势理论提出之初，波特（Porter，1985）就指出企业自身的价值链和顾客价值链的对接是企业差异化优势的来源。鲍尔和加尔达（Bower & Garda，1985）更是从外部导向的视角强调要将企业看作价值传递的载体。可以说，优秀的顾客价值不仅能在顾客心中造就与众不同的驱动力，更是造就忠诚顾客、终身顾客的驱动力（白长虹，2001）。

### 一、顾客价值的内涵及驱动因素

贝里（Berry，1988）通过对顾客调研的探索性研究归纳出感知价值的四种内涵，分别是低廉的价格、在产品或服务中得到的利益、付出所得到的质量以及通过包含金钱、时间和精力在内的全部付出所能得到的一切利益。伍德拉夫（Woodruff，1997）将顾客价值定义为在特定的使用情景下帮助或阻碍实现顾客目标的产品属性、时效以及对结果的偏好与评价。科特勒（2006）引入了比较的概念，将感知价值定义为与其他产品和服务相比，顾客拥有或使用某一产品或服务的总利益与总成本之间的差异。总之，顾客感知价值就是顾客对产品和服务内容、服务接触、服务补救等一系列要素的自我评估过程（Gronroos, 2007），是由顾客自己而非服务企业决定的。

众多学者认为顾客价值实际上就是顾客感知价值，是感知利得与感知利失之间的权衡(Ravald & Gronroos, 1996; Parasuraman, 1997, 2000; Grewal et al., 1998)。其中感知利失是指顾客在购买时所付出的时间、资金、精力、使用风险等所有成本，感知利得则包括了通过购买所获得的产品使用、服务享受、技术支持等感知质量要素。通过感知利得的增加和感知利失的减少能够提升顾客价值（白长虹，2001）。表 2.1 列举了影响顾客感知利得和感知利失的部分因素及其对应的增加顾客价值的方法。

**表 2.1 顾客感知利得和感知利失的部分影响因素及增值方法**

| | 影响因素 | 增加顾客价值的方法 |
|---|---|---|
| 感知利得 | • 物理属性<br>• 服务属性<br>• 技术支持<br>• 价格优惠 | • 分析顾客需求与偏好，设计和提供个性化与定制化的产品和服务<br>• 在核心产品和服务上增加顾客认为重要或喜欢的新成分 |
| 感知利失 | • 支付价格<br>• 时间与空间上的便利性<br>• 延迟交货和错误订货的成本<br>• 担心能否履约花费的精力和心理负担<br>• 使用风险 | • 规模经济与低成本<br>• 营业时间与选址的灵活性设计<br>• 多种销售或服务渠道<br>• 服务保证与服务补救措施<br>• 敏捷反应与快速响应 |

资料来源：根据白长虹（2001），杨龙、王永贵（2002）的研究整理。

佩妮（Penny，2001）等人从供应商的角度出发剖析了顾客价值的驱动模型，指出顾客价值创造过程中的一些活动和行为会同时影响顾客的感知利得和感知利失，进而对顾客价值产生积极或消极的驱动作用，二者并不能截然分开（如图 2.1）。

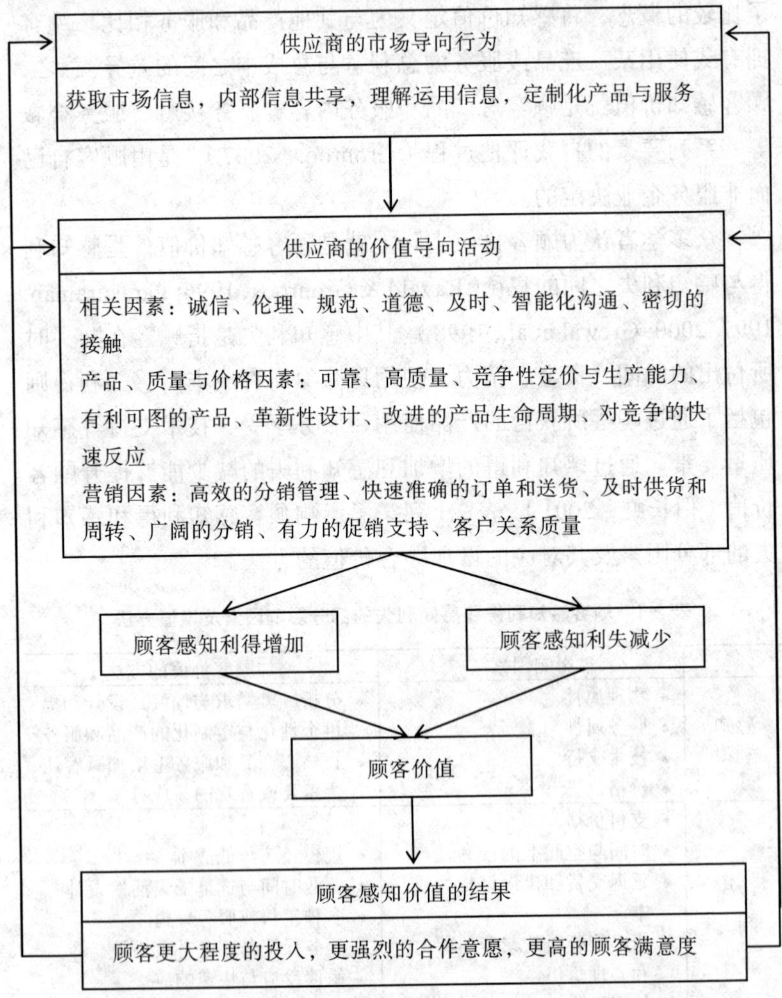


**图 2.1 供应商视角的价值驱动模型**

资料来源：本研究根据佩尼等（Penny et al.，2001）的研究整理绘制。

顾客价值有多种驱动因素，其中产品质量、服务质量和价格因素已经被广大学者所认同（Parasuraman, 2000）。沃尔夫冈（Wolfgang Uage）等人通过实证研究将顾客价值的驱动因素分为三类，分别是产品相关特性、服务相关特性和促销相关特性。随着品牌管理的发展，品牌权益也成为一个日益重要的顾客价值驱动因素。良好的品牌形象不仅能帮助顾客简化购买决策、降低购买风险，还能为顾客带来社会与心理利益，从而影响顾客选择和偏好（范秀成，2000）。在某些服务业中，顾客感知的价值就是企业品牌本身（Berry, 2000）。美国生产力与质量中心（APQS）对100 家企业的研究发现系统的组织学习能力也是创造与获取顾客价值的重要来源（白长虹，2001）。此外，关系营销的理论范式提出将关系作为顾客价值的另一个重要来源，指出在核心产品和服务之外，良好而持续的顾客关系也能创造顾客价值（Gronroos, 1997）。在长期的交易关系中，顾客价值并不是单次交易的感知价值，而是在买卖关系存续期间所有价值创造活动的集合，即关系价值或全景价值。为此，拉娃等（Ravald & Gronroos，1996）提出了全景价值和顾客感知价值的测量模型，表明能够影响“关系”的所有成本和收益都是顾客的总体感知价值的决定因素（参见表2.2）。

**表 2.2　全景价值与顾客感知价值模型**

| | |
|---|---|
| 全景价值 = | (情景利得+关系利得) / (情景利失+关系利失) |
| 顾客感知价值= | (核心解决方案+附加服务) / (价格+关系成本) |
| 顾客感知价值= | 核心价值+/−增益价值 |

资料来源：本研究根据拉娃等（Ravald & Gronroos，1996）的研究整理。

## 二、顾客价值的层次性与动态性

顾客价值并不是一个笼统的和静态的概念，众多学者的研究表明顾客在产品或服务的购买过程、使用过程和使用之后对价值的感知会截然不同，服务具有清晰的层次性和动态性（Gardial et al., 1994）。伍德拉夫（Woodruff, 1997）采用甘特曼德（Gantmand）的“途径—目的链”方法从信息处理的认知逻辑的角度提出了顾客价值的层次模型，对顾客价值的要素和层次结构进行了阐释。他将顾客价值分为从低到高的三个层次，分别是顾客期望的产品属性及其效能、期望的使用结果和顾客的目标与意图，对不同的价值层次，顾客会分别形成属性满意、结果满意和目标满意（参见图 2.2）。

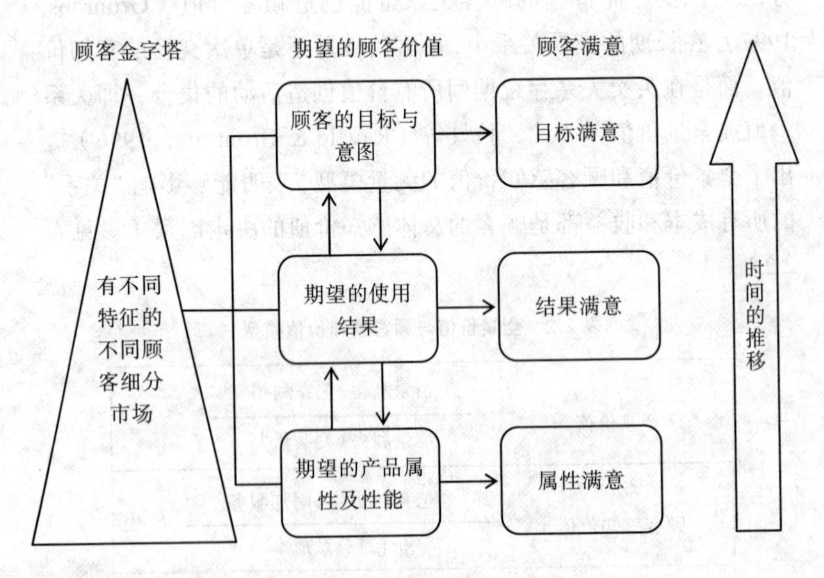


图 2.2　顾客价值的动态层次模型

资料来源：本研究根据杨龙、王永贵（2002）的研究整理。

费林特（Flint，1997）描述了顾客价值的动态特征。在与企业接触的不同阶段，顾客价值的层次和影响因素可能会发生变化（Zeithaml, 1987; Slater & Narver, 1994）。帕拉斯阿南（Parasuranan，1997）按照顾客与企业的接触时间将顾客分为初次顾客、短期顾客、长期顾客和离弃顾客。初次顾客会首先考虑产品和服务的特性属性及其效能（第一层），在购买和使用的过程中，顾客会根据产品或服务的表现对其实现预期结果的能力形成期望和偏好（第二层），随着产品和服务的持续使用，顾客会对这些结果对实现自身目标的贡献形成期望（第三层）。一名顾客在从初次顾客逐渐成长为短期顾客再到长期顾客的过程中，其顾客价值的层次也会相应地从关注属性层次的标准逐渐过渡为关注结果层次和全局层次的标准（Parasuranan, 1997）。

顾客价值理论为精益服务的研究提供了理论依据。不同顾客具有不同的价值观念、需求偏好和财务资源，进而影响着顾客的感知价值（Ravald & Gronroos, 1996）。顾客价值是感知利得与感知利失之间的权衡，而感知利得与利失的衡量却因人而异。如有一些顾客看重更高的质量和更快捷的速度，另一些顾客则更多的关心金钱和优惠。然而无论顾客对服务的关注点是什么，尽量提升顾客的感知利得，同时降低感知利失都是提升顾客价值的不二法门。而顾客价值的层次性与动态性也表明顾客价值的动态层次越高，带来的顾客满意就越高，顾客从初次顾客转变为长期顾客的可能性就越高，对服务企业的市场份额和利润做出的贡献就越大。可见，提升顾客价值不仅能增加顾客在服务消费中的利得，更能为企业带来利益，是实现服务企业与顾客双赢的明智选择。

# 第二节 服务生产力理论

## 一、服务生产力的概念和内涵

生产力理论产生于 18 世纪的手工工具发展时期，法国重农学派的代表人物弗朗索瓦（Francois Quesnay，1766）在其《谷物论》中第一次使用了“生产力”一词。马克思在《资本论》中揭示了生产力的系统概念，明确指出生产力是劳动的过程，是人们改造自然的一般过程。生产力从本质上讲就是投入和产出的关系（刘凤瑜，2004）。传统生产力是为制造业设计的生产力。从 20 世纪 60 年代开始，服务生产力由最初的沿用传统生产力概念逐渐演变成一个独立的新概念。奥亚萨洛（Ojasalo，1999）为服务生产力的研究奠定了良好的基础。他对比了传统生产力与服务生产力的特征，运用质化研究方法提出了新的公司层面的服务生产力概念模型（见图 2.3）。该模型将顾客投入纳入了服务投入的范畴，并在服务产出中增加了顾客知觉的要素，还考虑了服务的需求、产能等外部因素的影响。格罗鲁斯等（Gronroos & Ojasalo，2004）列示了服务生产力具有的三重含义，即如何有效地将投入转化为产出的内在效率、感知服务的过程质量和结果质量的外在效率以及有效发挥最大服务产能的产能效率。

### （一）服务生产力的质量内涵

许多研究论证了服务生产力与服务质量的密切关系（Mott, 1972; Riddle, 1986; Lovelock, 1992; Gummesson, 1998; Ojasalo, 1999; Parasuraman, 2002; Gronroos & Ojasalo, 2004）。服务生产力的质量内涵不仅包括服务的结果质量，还包括了服务的过程质量

和互动质量。帕拉斯阿南（Parasuraman，2002）提出了服务生产力与服务质量互相作用的模型，概括了二者之间潜在的协同作用。在对服务质量的研究中，也有学者将顾客感知的服务质量与服务企业的服务生产力联系在一起，并提出了“大质量”的概念（程龙生，2011）。

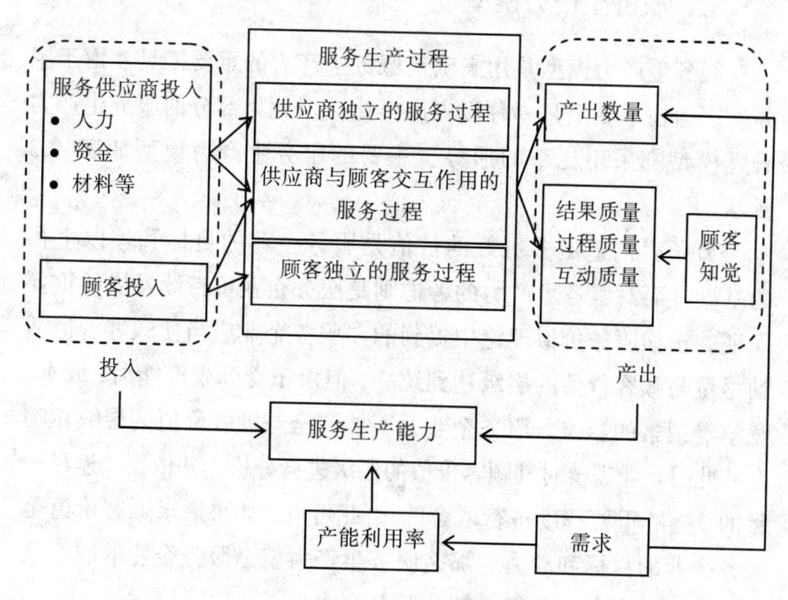


**图 2.3 奥亚萨洛（Katri Ojasalo）的服务生产力概念模型**

资料来源：本研究根据奥亚萨洛（Katri Ojasalo，1999）的研究绘制。

（二）服务生产力的顾客内涵

帕拉斯阿南等（Parasuraman，2002；Bettencourt et al., 2002；Dellande et al., 2004）的研究都指出了顾客作为服务投入要素在服务生产力中的重要作用。他们认为顾客的合作、参与和互动是一种无形的投入资产，能够通过影响互动质量对服务绩效产生作用，并转化为顾客价值。诺尔曼等（Normann，1984；Claude R. Matin et al., 1999）的研究也认为在探讨服务生产力问题时应关注顾客在服务中的双重角色问题，即服务接受者与合作生产者。在众多的服务中，顾客都扮演着合作生产者的角色，并且以时间、体力、脑力和心理精力等方式进行服务投入（Parasuraman, 2002）。

## 二、服务生产力模型

服务生产力模型是用来确定服务生产力的重要工具。由于服务生产力在本质上是一种投入产出比，因此大部分的服务生产力研究模型都采用比率的形势。主要的服务生产力模型如表 2.3 所示。

为顾客创造更多更好的价值是服务企业的目标和赖以生存的基础，而对服务生产力的考虑则是服务企业可持续发展的重要保证。正如服务价值理论中提到的“服务企业应当使顾客价值活动尽量与顾客价值的层级达到统一，但由于受到生产能力、成本、竞争等因素的影响，服务企业并不能完全与顾客价值的层级相吻合。此时企业需要对其顾客价值的层级进行分析，并依据‘途径—目的’链的重要程度进行取舍”。由此可见，如果追求顾客价值是服务企业的目标和动力，那么服务生产力就是服务企业的制约条件，限制了服务企业提供精益服务的水平。

表 2.3 主要的服务生产力模型

| 代表研究 | 模型概述 | 优点 | 不足 |
| --- | --- | --- | --- |
| 沃里宁（Vuorinen, 1998） | 用数量和质量产出与数量和质量投入之比测量服务生产力 | 考虑了服务生产力的质量内涵，在模型中使用服务质量代表质量产出 | 忽略了不同服务类型对服务生产力的影响，质量的无形投入也难以准确衡量 |
| 陈（Chen, 2002） | 采用数据包络方法测量比率形式的服务生产力 | 不必进行参数估计就能比较不同单位的多元投入和产出 | 无法计算无形投入和产出对服务生产力的贡献 |

续表

| 代表研究 | 模型概述 | 优点 | 不足 |
|---|---|---|---|
| 帕拉斯阿南（Parasuraman, 2002） | 服务生产力的双重视角，即服务质量是企业的投入产出和顾客无形投入与产出的双重结果 | 在分析有形产出投入的同时考虑了顾客的无形投入与产出对服务生产力的贡献 | 没有提出服务生产力的具体测量模型 |
| 格罗鲁斯等（Gronroos & Ojasalo，2004） | 企业投入和顾客无形投入通过结果质量、过程质量和互动质量转化为顾客感知质量 | 探讨了投入转化为服务质量的途径 | 同上 |
| 格林（Green, 2003，2005） | 采用服务质量量表测量单个组织的服务生产力 | 简单易行 | 外部局限性，不适合所有类型的服务企业组织 |

资料来源：本研究根据曹花蕊、张金成（2008）的研究整理。

## 第三节 优质服务的研究

优质服务并不是一个严谨的学术概念，本节用以代表在实践中被学者、业者和顾客称作“好服务”的服务。优质服务的种类有很多，既有能带给顾客愉悦体验的卓越服务，如宜家、新加坡航空公司，也有凭借高度标准化提供给顾客更加出色的技术质量服务的标准化服务与基于精益思想的服务（以下称 Lean 服务），如麦当劳、肯德基。无论是何种服务，这些服务都是经受过市场长期检验的“好服务”，对这些服务及其特征的回顾与梳理有助于本研究更加全面地认识精益服务。

## 一、标准化服务与 Lean 服务

### （一）标准化服务

被誉为“竞争战略之父”的迈克尔·波特提出了三种卓有成效的竞争战略，分别是成本领先战略、差异化战略和集聚化战略（Porter, 1980），标准化服务与个性化服务则分别与成本领先战略和差异化战略相对。标准化服务是从顾客视角出发，对服务的环境、产品和流程等方面提出的基本要求，是顾客对企业形象、有形展示、服务功能以及精神享受等方面提出的基本要求（潘军，2009）。标准化服务侧重服务的技术质量，主要体现在满足顾客的现实需求方面，具有高效、可靠的特点，能很好地控制成本和效率，并且避免由定制化所带来的不确定性（Jones et al., 1994）。鲍恩和劳勒（Bowen & Lawler，1992）将生产线方法作为实现优质服务的路径之一，通过标准化和程序化的操作简化任务、明晰分工，并通过设备的适用代替人力，提高服务效率。桑德奥夫（Sandoff，2005）通过对欧洲 15 家酒店人力资源经理的深度访谈了解到处于管理一线的经理们更喜欢提供标准化服务，因为标准化能够帮助他们较准确地预测服务行为和服务结果，更有效地控制员工，并且保持较为可观的服务运作效率。

### （二）Lean 思想的起源与内容

Lean 思想源于二战时期的日本制造企业，为了应对当时的人力资源、原材料和财务资源的短缺（Emiliani, 1998）。20 世纪 50 年代，丰田公司创始人丰田喜一郎吸收了美国福特生产方式的经验，提出了“准时制”的思想，并在大野耐一等人的推广下，有机结合了美国的工业工程和现代管理理念，历经 20 余年的创新发展，形成了日趋成熟的丰田生产方式，并凭借代表性的 Lean 生产震撼性地冲击了美国的“福特生产方式”。

最早将丰田生产方式用英文系统介绍给美国人的是日本学

者门田安弘教授。1990 年麻省理工学院的詹姆斯和丹尼尔（James P. Womack & Daniel T. Jones）撰写了 *The Machine That Changed the World* 一书，总结了日本企业取得成功的经验，提出了 Lean 生产的概念。1996 年，二人再度合著 *Lean Thinking* 一书，总结了由大量生产过渡到 Lean 生产所要遵循的基本原则，进一步阐述了 Lean 生产的思想内涵，如表 2.4 所示。

**表 2.4 Lean 思想的主要内容**

| 理论体系 | 具体内容 |
|---|---|
| 主要目标 | 消除浪费，通过尽善尽美的价值创造过程为用户提供尽善尽美的价值 |
| 核心 | 以最少的资源投入，包括人力、设备、材料、时间和空间，为顾客创造出尽可能多的价值，持续改善产品和服务质量，同时更好地理解顾客，为他们提供确实需要的东西 |
| 指导原则 | 顾客确定价，识别价值流，价值流动，需求拉动，尽善尽美 |
| 改进流程阶段 | 评估当前状态，确定目标状态，稳健的操作，优化机遇，将精益方法制度化 |
| 主要浪费来源 | 过量生产、过多的移动、库存、等待、运输、未充分利用的人力、多余的工序和缺陷、材料浪费 |
| 主要工具 | 看板系统、流线型布局、全面生产保养、5S 管理和视觉控制、60 秒即时换模、供应商开发、单件流、单元设计、流程图和价值流图、负载平衡、成分分析、流量分析、接触时间分析、生产线平衡、功能分析、离散事件仿真等 |

资料来源：本研究整理。

早期的 Lean 思想主要应用在制造业中，如汽车制造业（Womack & Jhons, 1996; Vasilash, 2000）、航空航天业（Womack & Jhons, 1996）、模型制造业（Womack & Jhons, 1996）和电子行业（Erkanat, 1997）。随着全球资源的进一步稀缺，Lean 思想越来越受到国家和社会的重视，近年来一些服务行业如航空公司、教育机构和旅店业（Comm, 1999）也都在应用 Lean 管理系统。

对 Lean 的定义有很多，NIST/MEP（1998）将 Lean 定义为通过持续改进来识别和减少浪费的一项系统化的方法。此外，NIST/MEP 识别出 Lean 生产的八种主要浪费，分别是过量生产、过多的移动、库存、等待、运输、未充分利用的人力、多余的工序和缺陷。德克萨斯制造中心（Texas Manufacturing Center, 2001）还将材料浪费作为 Lean 生产的第九种浪费。

Lean 思想重视效率和削减价值链以外的一切浪费，强调通过利用一系列的绩效改进工具削减流程中没有价值的环节和活动，用卓越的操作运营向顾客传递更高质量的服务。萨顿等（Sutton & Rafaeli，1988）通过对便利店服务的实证研究发现顾客与服务人员接触中展现出的积极情绪，如员工对顾客的温柔呵护会对商店的利润产生消极影响。研究者指出，这一结果的原因在于对便利店的顾客来讲，他们最需要的是“速度”，而非店员的温柔呵护。对便利店而言，对顾客的温柔呵护就是处于价值链之外的“浪费环节”。

Lean 思想不仅广泛应用于生产制造中，还逐渐渗透到企业经营管理中，如企业的报价过程、产品开发和订单处理（Conan et al., 2002; Womack & Jones, 1996）过程等。对 Lean 思想的研究不仅集中在以大规模的跨国制造企业为代表的私营领域（Radnor & Boaden, 2008），还渗透到非制造企业乃至公共服务组织中。

（三）Lean 服务

1. Lean 服务的内涵与逻辑

Lean 服务延续的是 Lean 思想的内涵与逻辑，精髓是利用 Lean 思想提高服务效率，改善服务质量，从而获得服务效益。从图 2.4 中可以看出，在 Lean 服务的逻辑中，服务效率、服务质量和服务效益三者是相互递进的关系，前后是后者的原因，后者是前者的结果。Lean 服务能够通过更快的服务速度、更加顺畅的服务流程和完善的服务标准实现服务的技术质量，对标准化服务有重要的借鉴意义，而很多高度标准化的服务企业的成功经验也证实了Lean服务能够被称为优质的服务。

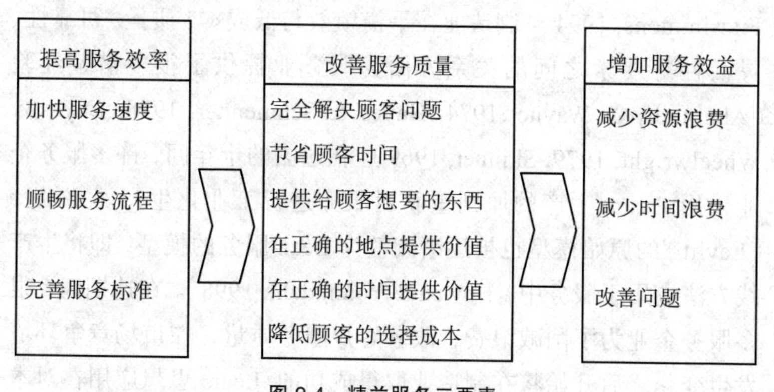


**图 2.4　精益服务三要素**

资料来源：潘军（2009）。

2. Lean 服务的研究与实践

在 Lean 生产的概念形成以前，美国快餐行业就有了 Lean 思想的雏形，其中麦当劳和肯德基可以称得上是将 Lean 思想应用于服务的先驱。麦当劳和肯德基在生产流程设计、灵活的人员配置和拉动型的生产模式等方面都和 Lean 思想不谋而合，从而造就了麦当劳和肯德基的“快”，并成为其美味可口之外的第二大核心竞争力。从 20 世纪 70 年代开始，服务业在全球经济中的地位获得提高，但是却面临服务效率低下、服务质量较差和服务产出较低等问题，同时服务企业面对的挑战也日渐升级，如越来越高的顾客期望、收入压力、竞争压力、成本增加的压力和政策压力等。由于当时的研究主要集中在制造业领域，对服务管理的研究相当匮乏，远没有跟上服务业发展的脚步。莱维特（Levitt）在 20 世纪 70 年代早期提出服务业能够从使用 Lean 思想中得到好处。他认为生产线的方法能够帮助服务业在控制成本、提高效率和服务质量等方面获得改善。服务企业通过采用（大规模）生产线的方法能够以成本领先战略获得竞争优势（Fitzsimmons & Fitzsimmons, 1994）。制造业在平衡绩效与低成本、质量、可靠性、灵活性等要素之间的关系方面为服务业提供了很多借鉴经验（Abernathy & Wayne, 1974; Hayes & Schmenner, 1978; Hayes & Wheelwright, 1979; Skinner, 1969）。在过去的十年间，许多服务企业采用 Lean 生产的原则重新对服务进行工业化生产。莱维特（Levitt）的原始模型也被逐渐调整为 Lean 服务的模型，即将生产线方法应用于服务中（Bowen & Youngdahl, 1998）。在这期间，很多服务企业为了削减浪费，改善客户服务质量，在市场竞争环境发生变化之后开始将在制造业取得成功的 Lean 思想应用在对本企业运营和服务流程的改造上（Bowen & Youngdahl, 1998），如餐厅、酒店、教育、管理公司及医疗健康企业（Bowen & Youngdahl, 1998; Spear, 2005）。爱威等（Allway & Corbett，2002）介绍了保险公司、金融企业和医疗保健企业应用 Lean 方法改进运营管理，提高产量和效率，降低成本且提高服务质量的成功案例。鲍尔等（Ball & Maleyeff，2003）研究了环境咨询企业应用 Lean 管理的案例，指出环境咨询企业能够通过识别改进点，建立管理支持体系；组建 Lean 管理委员会；选择在一个独立的价值创造过程和任务中试用 Lean 概念；将 Lean 活动扩展到其他的价值创造过程和任务中以及适当调整公司经营战略五种策略来有效的应用 Lean 思想进行管理。塔克贝尔（Taco Bell）公司将 Lean 生产的方法应用在服务中，帮助公司在保证低成本的同时保持了较高的灵活性，提升了服务质量。西南航空公司通过将 Lean 生产的方式应用于本公司的服务获得了成本和服务差异化的双重竞争优势（Hallowell, 1996）。杰斐逊试点金融（Jefferson Pilot Financial，JPF）公司也成功对其保险业务的服务流程进行了改造，如按照流程顺序排列工位、标准化流程、减少回送、设定常规节奏、平衡工作量、区分复杂程度、公布绩效结果、设定绩效目标等。通过一系列的实践，JPF 公司在劳动力和资源成本、处理周期以及出错率方面取得了重大突破（Cynthia Karen Swank, 2003）。

除服务业外，Lean 思想的应用也扩散到了以政府为代表的公共服务领域。亚辛等（Yasin et al.，2001）是最早探索在公共领域应用 Lean 思想的主要研究者之一，并通过定量方法研究了在公共领域应用准时生产原则可能带来的好处。由于公共服务部门逐步面临私有化的威胁，在提高服务质量的前提下减少浪费成为公共服务部门面临的一项重大课题，源于制造业的 Lean 思想便在以政府为首的公共服务环境中得以推广使用。美国康涅狄格劳动部成功地运用 Lean 管理方法削减了服务中不必要的浪费，提高了服务质量，成为公共服务部门运用 Lean 思想的典型代表，积累了成功的经验（Hasenjager, 2006）。巴蒂亚等（Bhatia & Drew，2006）的研究也证实了在当地政府中应用 Lean 方法具有巨大的业务潜力，能够通过减少行政处理过程中的纸张文件和材料提升政府的工作效率，并且提高顾客对政府工作的满意度。毫无疑问，在公共领域应用 Lean 方法能够提高该领域中某些流程和服务的效率，不仅能够在改进质量与提高效率的同时减少时间、空间和经济成本，还能帮助公共部门更好地理解顾客，促进部门间的协同，提高员工的积极性和士气（Radnor et al., 2006）。

Lean 服务是实现标准化服务的一种途径和方式，也是优质服务所具有的特征之一。Lean 服务能够提升服务投入资源的使用效率，从而增加服务产出，不仅能提高服务企业的生产能力，还能通过规模经济、低成本和敏捷反应等方式增加顾客价值。

## 二、卓越服务

### （一）卓越服务的概念与评价

贝里（Berry，1995）的文章提出了“哇”效应和顾客惊喜（Service Surprise）的概念。弗里斯克（Frisk，2002）认为未来将有越来越多的企业关心如何使他们的顾客感到欣喜，而不仅仅是让顾客满意，因为“有证据指出使顾客感到满意并不足以留住顾客，在很多行业即使是满意的顾客也会存在较高的缺陷率”（Schneider & Bowen, 1999）。

然而在众多研究服务质量和顾客满意度的文献中却很少提及卓越服务以及如何才能使顾客感到欣喜，也很少对卓越服务的特征和结果——“愉悦”进行界定。正如奥利弗（Oliver，1997）所说：“顾客愉悦是顾客满意研究的一个新概念。”他认为满意是一种判断，而情感，如愉悦，则是顾客基于对一项服务满意的判断而产生的人类情感。奥利弗（Oliver）认为愉悦是由“惊喜的良好绩效”带来的“高度满意的体现”，如卓越服务。很多学者认为愉悦是因为服务超越预期而产生的（Schneider & Bowen, 1999; Gronroos, 1990），这一界定存在缺陷，因为在本质上，超越预期可能会产生不必要的成本。“如果感知质量太高，那么服务成本就有可能不必要地提高……从而出现过度质量的问题，这并不符合经济上的考虑。另外，过度质量可能会让消费者感到服务已经超越了他们的实际需要，甚至会产生不好的口碑传播。过度质量还会让消费者产生服务过度高价的印象，即使事实经常并非如此”（Gronroos, 1990）。另外，传递的服务质量会提升顾客对后续服务的期望，从而使本来卓越的服务变成了简单的期望服务，除非组织为了不断超越期望而持续地对提升质量和预期进行投资（Johnston, 2004）。当然，愉悦顾客的战略并不适合所有的企业（Johnston, 1995），杜贝等（Dube & Menon，1998）的研究认为，对医疗行业来说，管理者应该更加关注减少容易造成顾客不满的因素。迪宾（Dobin，2002）在对金融业的研究中提出了卓越服务的概念模型，并指出运用这一模型的企业都显著提高了服务质量（参见图 2.5）。

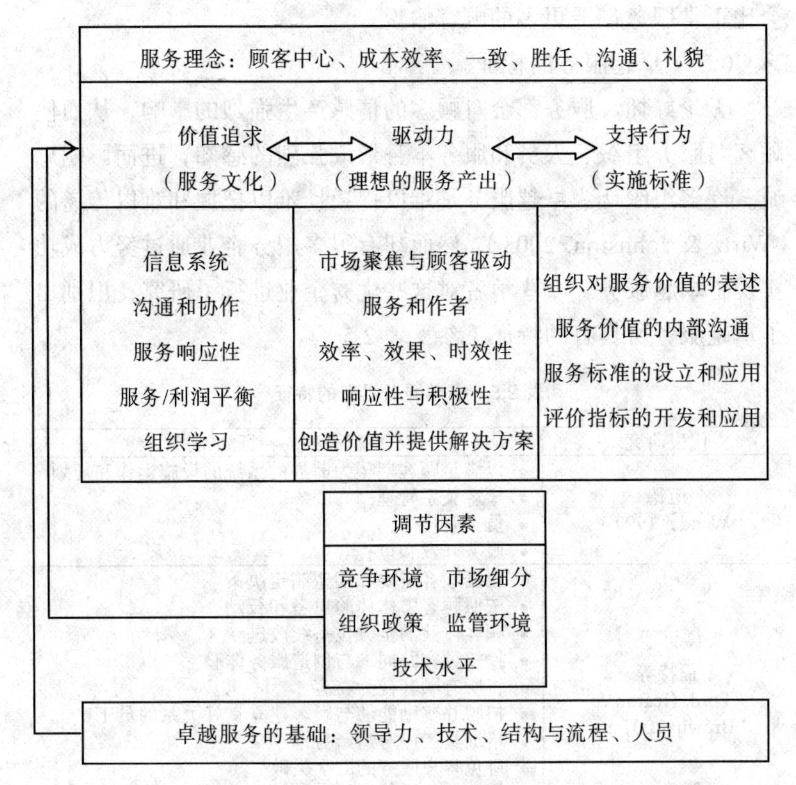


**图 2.5　迪宾（Dobni）的卓越服务概念模型**

资料来源：迪宾（Dobin，2002）。

约翰斯顿（Johnston，2004）搜集了 150 多名被试者对卓越服务和糟糕服务的 400 多条陈述，利用扎根理论研究方法对卓越服务进行了界定。他认为卓越服务就是“容易打交道”，要求组织能够正确地履行承诺，并且有一个良好的系统来处理可能出现的差错和问题。良好的人际接触和一些小的额外努力都能给顾客的感知加分。顾客虽然希望组织能够充分履行自己的服务承诺，但也同时做好了可能出现问题的准备，很多研究文献都提到了这种“补救悖论”（Johnston, 1995; Tax & Brown, 1998），即良好的补救会比正常服务创造更多的顾客愉悦。

（二）卓越服务的特征

无论好坏，服务都会对顾客的情感产生强烈的影响，从而使顾客对服务组织、人员和服务本身形成强烈的感知，进而影响忠诚。许多组织认为卓越服务是难以捉摸、难以把握和难以传递的（Wirtz & Johnston, 2003），然而却有很多服务企业通过努力成功实现了卓越服务。一些学者对这些优秀企业进行了研究，识别出了卓越服务所具有的特征（参见表 2.5）。

表 2.5 卓越服务具有的特征

| 代表研究 | 卓越服务的特征/维度 |
| --- | --- |
| 伍德（Wood，1997） | • 以满足顾客期望为前提的系统的设施运作和规划<br>• 顾客关系管理<br>• 员工表现<br>• 服务开发和审查 |
| 福特等（Ford, Heaton & Brown, 2001） | • 根据顾客需要和期望制定决策<br>• 依照顾客整体体验思考和行动<br>• 顾客体验的全方位持续改进<br>• 授权顾客共同参与创造服务体验<br>• 将所有顾客视为宾客<br>• 招聘并奖励能够与顾客建立良好关系的员工<br>• 培训员工应对情绪劳动<br>• 避免客户服务的二次失败<br>• 管理者一线领导<br>• 建立并维持强大的服务文化 |
| 约翰斯顿（Johnston，2004） | • 履行承诺<br>• 提供人际接触<br>• 加倍努力<br>• 很好的解决问题 |
| 潘军，2009 | • 不断满足且超越顾客预期<br>• 精通服务传递过程的各个步骤，拥有超出竞争对手的能力<br>• 持续改进与创新，满足顾客不断提高的服务预期<br>• 引进技术以获得主动的竞争优势 |

续表

| 代表研究 | 卓越服务的特征/维度 |
| --- | --- |
| 格罗鲁斯<br>（Gronroos，2007） | • 职业化的程度与技能水平<br>• 服务人员的态度与行为<br>• 易获得性与灵活性<br>• 可靠与信任<br>• 服务补救的能力<br>• 服务环境组合<br>• 声誉与信用 |

资料来源：本研究整理。

在这些优秀的服务企业中，新加坡航空公司是一个很好的例子。维尔茨等（Wirtz & Johnston，2003）对新加坡航空公司（SIA）高级管理者进行了深度访谈，发现卓越的客户服务是一个整体的方法，需要各个部分各行其是，从正确的战略聚焦和服务文化，到对服务的清晰理解、良好的培训和员工以及精良的系统和流程。SIA 就是通过整体的流程视角，在努力保持一致的卓越服务同时满足每一位乘客的需求以及重视卓越服务和成本利润率等措施成功保持卓越服务的。

总体来说，卓越服务并不是一个严谨的学术概念，尚未有成型的理论体系，且国内外诸多学者多用“卓越服务”的提法来形容优秀服务企业所提供的高水平服务。换言之，任何精准展现其服务定位的服务企业都能够提供卓越服务，或者说只要顾客对服务企业的服务给予了高度评价，就可以认定为企业提供了卓越服务，因为“愉悦”是卓越服务的特征和结果（Oliver，1997），而对卓越服务的回顾和梳理则有助于更好地理解精益服务的表现形态和运作机理。

## 三、个性化服务

在习惯上，个性化服务经常被用来作为与标准化服务相对的一个概念。虽然“个性化服务”常被用来形容某一服务的独到之处，但至今仍没有一个通行的标准，也没有形成如标准化服务一般较为完整的理论和实践体系。不同学者界定了个性化的内涵，佩珀等（Pepper et al.，1999）认为个性化是通过定制产品或服务的某些特征使顾客感到低成本、便利或其他利益。伊姆霍夫等（Imhoff et al.，2001）将个性化定义为企业通过与顾客建立的各种沟通渠道所形成的认识和对待顾客的能力。罗伯茨（Roberts，2003）认为个性化是企业根据特定顾客的偏好采用的具有针对性的沟通方式的过程。韦莎恩（Vesanen，2007）则将个性化视为企业满足顾客价值的一种形式。派因等（Pine & Gilmore，1998）提出了个性化的五种类型，分别是以读者文摘为代表的细分型个性化、以雅虎为代表的适应型个性化、以谷歌为代表的装饰型个性化、以亚马逊为代表的透明型个性化和以美容美发企业为代表的合作型定制化。

个性化服务是指根据顾客需求的差异性采取不同的服务方式，是服务异质性的体现，通常能够表现出服务企业的服务主动性。此外，也有人将服务企业提供的个性和特色服务项目称为个性化服务。服务的异质性决定了服务本身就带有一种个性化的色彩，一些学者认为服务生产和服务接触都应当是独特的(Gronroos, 1990; Zeithaml et al., 1990; Normann, 1991)，格温纳（Gwinner at al.，2005）就指出服务企业每天都在常规性的开展个性化的面对面的服务接触，并将个性化服务定义为员工通过调整个人服务行为，为顾客提供符合其个人方式的定制服务。除此之外，服务的个性化水平还会因服务行业的不同而有所差异(Ball et al., 2006)，如在咨询服务中，咨询师提供的是完全的个性化服务，而在快餐服务中，快餐店提供的则是低程度的个性化服务，且近似于标准化服务。

虽然个性化服务能够给顾客带来惊喜，在诸多研究中也提到个性化服务能够为企业带来成功，但对个性化服务的追求仍然处于摸索阶段，尚未形成理论体系，缺乏测量和评价方法，在现实中也没有得到充分验证（Day & Montgomery, 1999）。

上述四种优质服务之间既有区别又有联系。其中标准服务与基于精益思想的服务在特征与操作方式上较为相似，都以提高效率为着眼点，侧重在服务的技术质量方面。二者的差别在于标准服务以生产线为主要方式，力求通过规模经济为企业来带利润；基于精益思想的服务关注点在于消除浪费，一般通过服务流程的优化和改造降低成本，提高效率，实现利润。卓越服务与个性化服务较为相似，而且经常相互融合，都强调对服务功能质量的满足。不同的是，卓越服务的范围往往比个性化服务更加宽泛和主观，且在实践中经常由若干种个性化服务组成。

对比四种服务，本研究发现在优质服务的不同特征之间存在一定的矛盾，如以消除浪费和提高效率为特征的基于精益思想的服务就与为顾客带来愉悦的卓越服务在某些方面存在矛盾。萨顿等（Sutton & Rafaeli）对便利店服务的实证研究中就发现顾客与服务人员接触中展现出的积极情绪，如员工对顾客的温柔呵护反而会对商店的利润产生消极影响，因为对便利店的顾客来讲，他们最需要的是“速度”，而非店员的温柔呵护。对便利店而言，对顾客的温柔呵护就是处于价值链之外的“浪费环节”。与之相反，服务人员积极热情的态度与行为以及由此产生的服务人员与顾客之间的人际接触却是卓越服务的重要特征（Johnston, 2004; Gronroos, 2007）。

## 第四节　精益服务的理论构建

精益服务的研究源起于对“什么是好服务”这一问题的思考，

而在实践中，人们习惯用“优质服务”这一非学术称谓作为“好服务”的书面表达。在上文中，本研究对顾客价值理论、服务生产力理论和几种具有代表性的优质服务分别进行了梳理与分析。在本节中，本研究将试图用精益服务（Fine Service）的概念将上述理论联系起来，从而把对“好服务”的研究从实践和分散研究的层面上升到一个理论和系统研究的层面。

在英语中，Fine 有“好的，极好的”意思，这与汉语中“精益”一词的含义如出一辙，在寓意与意境上也十分相似。用精益服务（Fine Service）作为“好服务”的理论抽象概念，不仅符合中国传统的文字使用习惯，也能形象地体现出各种“好服务”背后所蕴含的深刻的经营哲学。

## 一、精益服务（Fine Service）的研究现状

白长虹等（2010）和李中（2010）较早地提出了服务中存在的服务频谱，并试图对不同服务企业服务水平和表现的差异性进行解释，从而展开了对精益服务（Fine Service）的研究。李中（2010）在其博士毕业论文中通过扎根理论研究首次提出了 Fine Service 的概念，并将其翻译为“精益服务”。他用服务频谱的形式将服务划分为标准服务端与精益服务端（参见图 2.6a）。其中，精益服务是以情感价值为核心，以个性化体验为主要形式的服务，个性化与情感是精益服务一端的两个主要特征。与之相对的标准服务则是以功能价值为核心，以普通体验或无体验感为特征的服务。通过对三家服务企业的扎根理论研究，他还识别出个性化服务、品牌化、组织管理和员工管理是精益服务的三项重要策略，并且突出了领导力在精益服务实践中的重要作用。

王潇（2011）利用案例研究方法对精益服务的概念进行了完善，将企业资源投入和顾客投入两个要素加入到服务频谱中（参见图 2.6b），进一步理清了精益服务的概念和基本维度，构建了

精益服务的概念模型。他将精益服务定义为“从顾客视角出发，以提供差异化服务、创造情感价值来满足顾客个性需求为服务观念，通过员工组织支持、基于服务保障的组织建设、服务界面人性化等方式优化服务系统，整合服务资源，改进服务流程，并最终实现服务质量的持续改进”。在该研究中，他从企业的视角识别出了精益服务的六个重要维度，即顾客导向、基于服务保障的组织建设、员工组织支持、服务提供差异化、服务流程价值化和服务界面人性化，并构建了精益服务的概念维度模型（参见图 2.7）。

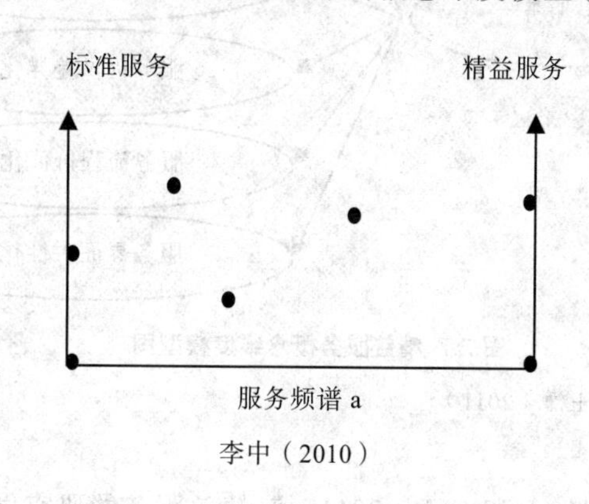


李中（2010）

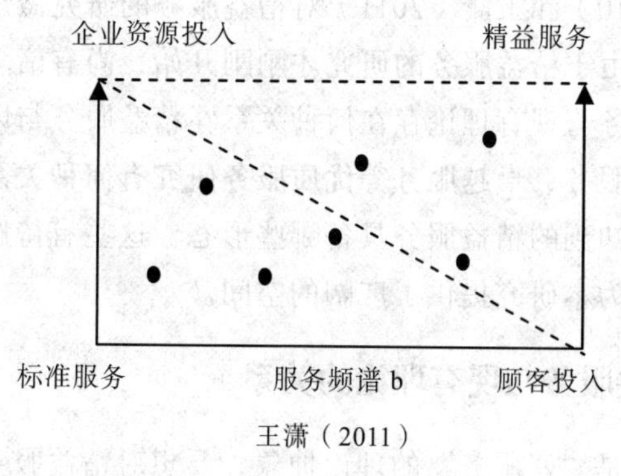


王潇（2011）

**图 2.6 服务频谱**

除此之外，王潇（2011）还通过单案例纵深研究和跨案例比较研究识别出精益服务在实践中的五项应用策略，即通过细节创造价值、突出人本管理、为顾客创造个性化服务与正面情感体验、规范和标准服务管理制度与服务系统以及推动持续创新。

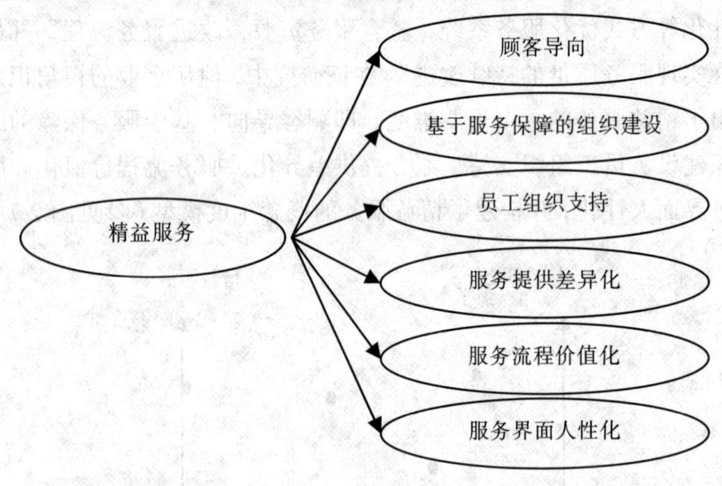


**图 2.7 精益服务概念维度模型图**

资料来源：王潇（2011）。

李中（2010）和王潇（2011）对精益服务的研究做出了开创性的贡献，但由于精益服务的研究才刚刚开始，尚有诸多理论空白，如精益服务与现有理论存在何种关系？精益服务与以往的基于精益思想的服务、卓越服务等优质服务研究有何种关系？顾客眼中或顾客感知到的精益服务具备哪些形态？这些有待解决的问题和理论空白为本研究提供了广阔的空间。

## 二、精益服务与现有理论的关系

精益服务是“好服务”的理论抽象，要想对精益服务进行理论构建，必须要首先回答以下三个基本问题：

1. 什么样的服务才是好服务？

2. 好服务是不是可以无限的好？

3. 好服务的表现形式有哪些？有没有规律可循？

（一）顾客价值是精益服务的根本追求

什么样的服务才是好服务？不可否认，在服务实践中有多种形式的好服务，很难用一个通用的标准来衡量。但无论形式如何，这些服务都有一个基本的共同点，就是都能很好地实现顾客价值。服务价值理论为精益服务的研究提供了理论依据。不同顾客具有不同的价值观念、需求偏好和财务资源，进而影响着顾客的感知价值（Ravald, 1996）。顾客价值是感知利得与感知利失之间的权衡，而感知利得与利失的衡量却因人而异。如有一些顾客看重更高的质量和更快捷的速度，而另一些顾客则更多地关心金钱和优惠。然而无论顾客对服务的关注点是什么，尽量提升顾客的感知利得，同时降低感知利失都是提升顾客价值的不二法门。顾客价值的层次性与动态性也表明顾客价值的动态层次越高，带来的顾客满意就越高，顾客从初次顾客转变为长期顾客的可能性就越高，对服务企业的市场份额和利润做出的贡献就越大。可见，顾客价值的提升不仅能增加顾客在服务消费中的利得，更能为企业带来利益，是实现服务企业与顾客双赢的明智选择。

若将顾客价值的动态层次性与服务的分类相对应，我们便会发现顾客价值从低层次向高层次的发展过程正是服务企业从提供标准服务到提供精益服务的过渡过程。标准服务致力于满足顾客期望的产品属性及性能，虽然能为顾客带来属性满意，但由于面对激烈的同质化竞争，单凭标准服务难以将顾客从初次顾客培养为长期顾客，从而只能将顾客价值维持在第一层次。精益服务则能够满足顾客对目标与意图的期望，不仅要为顾客带来属性满意和结果满意，更要为顾客带来目标满意。换言之，在一定的服务标准化水平之下，顾客价值会随着服务的精益化水平提升而增长。

（二）服务生产力是精益服务的限制条件

好服务是不是可以无限的好？答案显然是否定的。尽可能地为顾客创造更多的价值固然是服务企业赢得顾客的不二法门，但是顾客价值的创造也必然会受到服务企业生产力的制约。无论从事何种服务，服务企业作为经济主体的本质是不可改变的，通过不断获取利润实现可持续发展是企业经营的根本目标和一切服务战略与服务活动的出发点。马克思政治经济学的基本观点之一是将商品作为价值与使用价值的综合体，任何企业都是通过出售商品的使用价值来获取价值，这对服务这种特殊商品来讲自然也不例外。企业为顾客创造价值的动机在于这种行为是有利可图的，并且最好是在很长一段时间内有利可图，这也是服务企业不断进行服务创新，改进服务质量的根本动力。既然承认服务企业的逐利性，那么顾客价值的创造就必然不是无限的。正如经济学供求平衡的条件是边际成本等于边际收益一样，在特定的服务生产力条件下，服务企业为顾客创造的价值必然是有限的。套用供求平衡的条件，当创造顾客价值的边际成本等于顾客价值所带来的边际收益时，服务企业便会停止创造新的顾客价值。由此可见，服务企业的经济体本质决定了好服务是有界限的，企业的自由度会受到服务一般特性与服务刚性的影响，而作为代表服务价值产出与收益比例关系的服务生产力便是服务企业创造顾客价值的重要限制条件。无论服务形式如何，其本质都是有限服务，但在有限的服务过程中，服务企业对客户价值创造的尊重应该且必须是无限的（张文涛，2006）。

（三）精益服务是标准化服务与精益化体验的优选排列组合

好服务的表现形式多种多样，如麦当劳和肯德基是好服务，丽思卡尔顿与悦榕庄是好服务，招商银行与海底捞也是好服务。虽然这三种好服务的经营模式具有显著的差别，但各种好服务之间有没有规律可循呢？现有的服务理论已经对几种典型的好服务进行了研究，如本章第三节提到的标准化服务、基于精益思想的服务、卓越服务、个性化服务等。通过比较这几种服务的特征，本研究发现了其中隐含的规律。李中（2010）提出的服务频谱为阐述这一规律提供了可供借鉴的工具，即将这几种服务放在服务频谱中，可以发现标准服务与基于精益思想的服务更靠近标准化服务一端，个性化服务与卓越服务则更加靠近服务的精益化体验一端。其中标准化服务一端以功能价值为核心，以普通体验或无体验感为特征；精益化体验一端则以个性化与情感体验特征。大量服务企业的成功经验表明，好的服务并不是在高度标准化、消除浪费、追求个性与实现卓越等方面都做到最好，也不是仅凭某一方面的突出表现就取得成功，而是在好服务所具有的不同特征之间进行适度的权衡。如麦当劳与肯德基以高度标准化服务和基于精益思想的服务为基础，辅之以适度的服务个性，使其既保证了快餐行业所追求的"快速"，又形成了区别于普通快餐的独特格调，在消费者心中形成强烈的品牌认同和价值认知。同样，丽思卡尔顿酒店虽然以个性化与卓越服务著称，但其在内部运营管理方面也采用了严格的标准化管理和成本控制系统，并对常规服务设计了严格的时间框架，如规定员工接听电话时铃响不能超过三声。可见，将标准化服务与精益化体验进行合理配比是服务企业提供好服务的重要手段。其实所有服务都能看作是标准化服务与精益化体验的排列组合，排列组合的形式不同，呈现出的服务表现也不相同。在众多排列组合中，将二者进行合理配比的优选排列组合便是顾客体验到的好服务。当然，在服务实践中，标准化服务与精益化体验的最优比例是一个理想值，正如价值规律的常态是价格围绕价值上下波动一样，精益服务的常态也是使这一比例在一个合理区间内围绕最优比例上下波动（参见图 2.8）。正是因为这一常态比例与最优比例之间存在差距和波动，才使服务企业有服务改进和服务创新的动力。

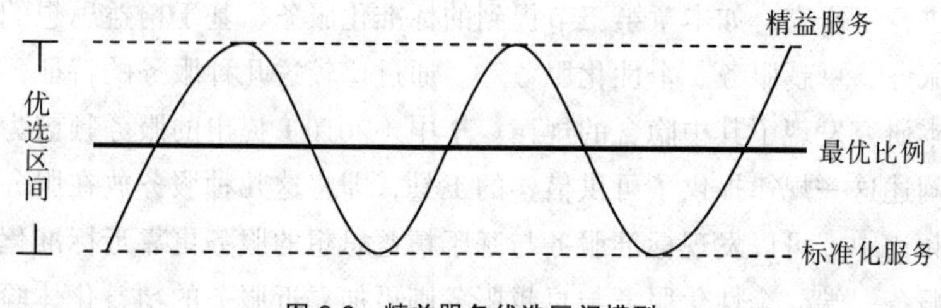


**图 2.8　精益服务优选区间模型**

资料来源：本研究设计。

（四）精益服务（Fine Service）不是基于精益思想的服务

1. 精益服务（Fine Service）与基于精益思想的服务的混淆是语言使用习惯造成的

国内学者在翻译上习惯将 Lean 称为“精益服务”，这也是本研究经常遇到的问题。然而深究语境，Lean 一词的本意与汉字“精益”具有本质的差别。Lean 有“瘦、少”之意，Lean Thinking 的核心也是削减一切不必要的浪费。而“精益”一词是“极好”的意思，中国自古有成语“精益求精”，表示的是一种美好的状态和对完美的不懈追求，与 Lean 一词的含义具有本质的差异。

在英语中，Fine 有“好的，极好的”意思，这与汉语中“精益”一词的含义如出一辙，在寓意与意境上也十分相似。将 Fine Service 作为“好服务”的理论抽象概念，并将其译为“精益服务”，不仅符合中国传统的文字使用习惯，也能形象地体现出各种“好服务”背后所蕴含的深刻的经营哲学。

2. 精益服务（Fine Service）与基于精益思想的服务是两个截然不同的概念

基于精益思想的服务是将思想和生产中的成功经验应用在服务实践中，主要体现在通过对服务流程的优化和改造来达到消除浪费、提高效率、改善服务质量的目的。

与基于精益思想的服务的目的和实现路径不同，精益服务（Fine Service）的本质是一切从顾客出发，为顾客创造价值，这就需要服务企业不仅要满足顾客的现实需求，还要挖掘顾客的潜在需求并创造顾客的隐性需求，这显然已经不单单是服务流程优化就能解决的问题（潘军，2009）。

顾客需求是多层次的。现实需求是顾客通过各种方式明确表现出来的需求，如去商店购物、到餐馆用餐、去酒店住宿等。与现实需求相对应的往往是服务的技术质量，即满足顾客购物、用餐和过夜的需求，顾客通常会用“便宜、干净、方便”等词语对现实需求得到满足时的服务进行评价。此时的顾客价值体现为：产生满足感，物有所值（潘军，2009）。在正确的时间和地点将服务准确的传递给顾客，是满足顾客现实需求的最佳状态。对广大服务企业来说，能够做到这点已经实属不易。如何准确地满足顾客的现实需求，使顾客感到满意呢？基于精益思想的服务便是一个重要的方法，能够通过对服务设计和服务流程等环节的精细化改造消除服务中的一切浪费，减少顾客等待时间，提高服务效率，从而更好地满足顾客的现实需求，如在更短的时间内为顾客提供快餐服务、通过预约缩短顾客的等待时间、用自助终端代替人工服务简化业务办理流程等。

潜在需求是已经存在但没有明确表现出来的需求，如去餐馆就餐的客人可能希望在餐馆周边有配套的停车场。当然，只要不是对这家餐馆本身的食物或服务不满，一般客人是不会因为餐馆没有提供配套停车场而拒绝去用餐的，毕竟能够解决这一问题的方法还有很多，如乘坐出租车或者把车停放在周边。虽然没有配套的停车场可能不会成为餐馆的一个减分项，但是如果有了配套停车场，或者餐馆提供代为泊车的服务，那么对顾客来讲无疑是一个加分项。对顾客来说，满足其潜在需求时的顾客价值表现为满足感的提升，物超所值。挖掘顾客的潜在需求需要服务企业对顾客给予更多的关注，与顾客进行更多的交流和沟通，更加重视顾客反馈。对如家、汉庭这样提供经济型服务的企业来说，深入挖掘顾客的潜在需求往往意味着成本的增加或者浪费，是不符合Lean思想原则的。当然他们也并不排斥适度迎合顾客浅层次的潜在需求，如在入住大厅配备简易售货柜，以满足顾客对一些生活必需品的购物需求。然而我们也会发现，这些售货柜中的商品价格往往会高于普通便利店的售价。可见，并不是所有的服务企业都有挖掘并乐于满足顾客潜在需求的动机。即使是提供基于精益思想的服务的企业，也并不必然地能提供精益服务（Fine Service），因为服务企业满足顾客的需求程度是一个多方位的考量，还会受到服务企业的定位、定价、战略、竞争地位、成本收益率等多种因素的影响。

隐性需求是顾客在目前环境下可能不存在，甚至顾客自己都没有意识到的，但在新的环境下可能会出现，需要创造、引导和培育的需求（潘军，2009）。比如在酒店业发展初期，顾客对酒店的需求只限于过夜，将酒店作为社交场所的需求是连顾客本身都尚未意识到的。丽思卡尔顿酒店的创始人恺撒·里兹成功地将酒店作为上流社会社交场所的理念引入到伦敦的上流社会中，不仅为顾客创造了新的价值，更为酒店增加了一项新的利润来源。不同于潜在需求，隐性需求不仅是顾客没有表现出来的，而且通常是隐藏的更深的。引导和培育隐性需求需要更多的投入和精力，且结果往往带有一定的风险性，并不必然带来收益。可见，对着眼于消除浪费的基于精益思想的服务来说，引导和培育隐性需求显然不是基于精益思想的服务所能涵盖的领域，提供基于精益思想的服务的企业并不必然地去引导和培育顾客的隐性需求，也就并不必然能够最终提供精益服务（Fine Service）。

综上所述，精益服务与基于精益思想的服务具有以下显著差别：

（1）所属层面不同。精益服务（Fine Service）是战略层面的概念，是一个系统概念，涉及精益服务的理念、组织结构、服务界面、服务交互、顾客管理等诸多方面，是在一个战略指引下的企业所有运营要素综合作用的结果。基于精益思想的服务是战术层面的概念，在现有的理论和实践中多指服务流程的优化，即通过减少各种浪费提高服务效率，增加服务效益。

（2）企业群体不同。成功提供精益服务的（Fine Service）企业在内部管理和服务运营方面往往应用了基于精益思想的服务，而以提供基于精益思想的服务为核心的企业并不一定能够提供精益服务。为了弥补满足顾客潜在需求和创造隐性需求时所带来的成本，具有精益服务特征的企业一般都会在企业运营的各个环节中应用基于精益思想的服务进行管理，如严格的成本控制、优化服务流程、采用定制化服务方式等，以便尽量减少浪费，节约成本，保证利润。如精益服务的代表企业丽思卡尔顿酒店就有严格的成本管理制度，在各个具体的服务流程中都很好地贯彻了基于精益思想的服务，减少了一切不必要的浪费。相反，以提供基于精益思想的服务著称的汉庭连锁酒店和春秋航空公司等致力于满足顾客的现实需求，对潜在需求和隐性需求并没有过多地触及，不属于精益服务的范畴。

（3）范围不同。精益服务（Fine Service）是高级的服务形态，是以顾客情感为核心，以个性化体验为主要形式的服务（李中，2010）。在将精益服务向顾客传递的过程中，基于精益思想的服务是优选工具之一。简言之，精益服务是服务的高级形态，而基于精益思想的服务则是实现精益服务的重要途径，是保证精益服务企业实现低成本和差异化有机结合的重要手段与工具。

## 三、精益服务的理论边界

在弄清了精益服务（Fine Service）与顾客价值、服务生产力和种种优质服务之间关系的基础上，本研究对李中（2010）和王潇（2011）提出的服务频谱进行了修正，将顾客价值与服务生产力纳入服务频谱中，在揭示精益服务（Fine Service）根本驱动因素的同时突出了服务企业的经济体本质，将顾客视角与企业视角结合起来，并分别以标准化服务（Standard）程度和精益化体验（Fine）程度为坐标，明确了精益服务在服务频谱中的位置，提出了精益服务的概念示意图（参见图 2.9），试图将精益服务与相关理论的关系反映出来。图中 OACB 围成的区域表示服务企业既定规模的服务生产力，射线 OC 表示服务企业能够实现的顾客价值，OA 与 OB 分别表示在既定服务生产力之下服务企业的精益化体验与标准化服务能够达到的最高水平。

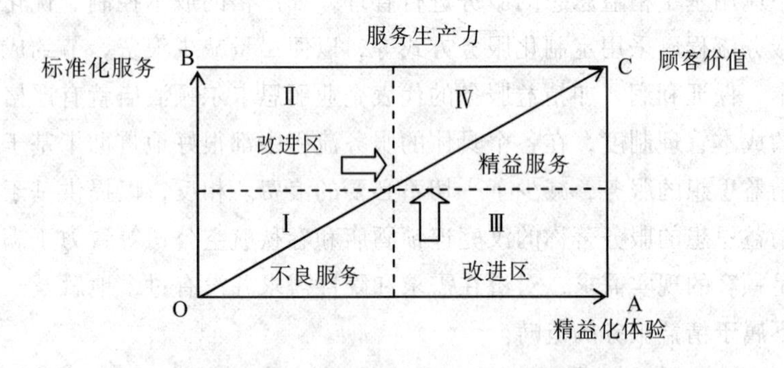


图 2.9 服务频谱及精益服务概念示意图

落在图中第一象限的企业在标准化服务与精益化体验方面都表现较差，造成了服务生产力的浪费，顾客价值低下，是不良服务。落在第二象限和第三象限的企业存在标准化服务与精益化体验比例失调的问题，能够通过向 OC 的移动提升企业的服务水平，改进服务生产力，增加顾客价值。落在第四象限的企业在标准化服务与精益化体验方面表现均较为良好，能够通过二者比例的进一步协调或同步提升增加顾客价值。本研究将落在这一象限的服务称为精益服务（Fine Service）。基于此，本研究认为精益服务是在服务生产力的制约下，通过标准化服务与精益化体验的理想配比，最大程度地实现顾客价值的服务。

综上所述，本研究在顾客价值理论和服务生产力理论中寻找到了精益服务（Fine Service）的直接理论依据，明确了精益服务的内在驱动因素和外在限制条件。通过分析四种代表性的“好服务”，本研究发现了不同“好服务”所具有的特征之间存在矛盾与冲突的事实，提出各种“好服务”都是由标准化服务与精益化体验按照不同比例进行结合的产物。在此基础上，本研究以顾客价值、服务生产力、标准化服务与精益化体验四个因素为核心，绘制了新的服务频谱，确定了精益服务的理论边界，指明了精益服务在服务频谱中的确切位置，并初步提出了精益服务的概念。在下一章中，本研究将在对三家代表性服务企业的跨案例研究中寻找证据，检验并完善本节提出的精益服务概念和理论体系。

# 第三章 企业视角下的精益服务理论构建

在上一章中，本研究修正了服务频谱，指出了精益服务（Fine Service）在服务频谱中的位置，明确了精益服务的理论边界，并对精益服务的概念进行了初步界定。在本章中，本研究将采用多案例比较的质化研究方法，通过对三家来自不同服务行业和不同规模档次的代表性服务企业的扎根理论研究并论证第三章中提出的精益服务概念，构建企业视角下的精益服务理论模型。

## 第一节 研究设计

质化研究是基于描述性的研究，其本质是一个从特殊情景中归纳出一般结论的归纳过程，侧重并依赖于对事物的含义、特征、隐喻、象征的描述和理解（杨杜等，2009）。质化研究认为要想准确理解个人与社会组织，必须将其置于真实且复杂的自然情景中，并通过研究者与被研究者面对面的接触和交往理解被研究者的行为，并做出相应的解释。质化研究的方法有很多，本研究选取了具有理论构建功能的案例研究方法和扎根理论研究方法。

## 一、设计研究草案

在精益服务的研究主题下，本研究以艾森哈特（Eisenhardt, 1989）的案例研究三阶段步骤为基础，结合案例研究草案的编写要求，对三家服务企业的案例研究步骤及重点内容进行如下设计，如表 3.1 所示。

**表 3.1　案例研究草案**

| 研究步骤 | 主要活动 | 对应内容 |
|---|---|---|
| 准备阶段 | | |
| 启动 | 界定研究目的与研究问题<br>找出可能的前导观念 | 精益服务的概念及理论构建<br>顾客价值、服务生产力、标准化服务、精益化体验 |
| 研究设计<br>案例选择 | 不受限于理论与假说进行研究设计<br>聚焦于特定族群<br>进行理论抽样 | 多案例研究<br>来自不同行业的优秀服务企业<br>R 酒店、B 银行、Z 医疗美容诊所 |
| 研究工具<br><br>研究方法 | 多种来源的资料收集方式<br><br>确定研究工具<br>多位研究者 | 深度访谈、焦点小组、研究文献、参与观察、内部规章与记录<br>扎根理论研究方法<br>研究团队共同作业 |
| 执行阶段 | | |
| 资料收集 | 反复进行资料收集与分析<br><br>采用弹性且灵活的资料收集方式 | 对案例企业进行跟踪调查，对每一份资料进行即时分析，随时调整<br>根据资料收集的难易选择收集渠道，在做好准备工作的基础上随机应变 |
| 资料分析 | 单案例分析<br><br>寻找跨案例的共同模式 | 对三家案例企业分别进行理论构建<br>比较三家案例企业的典范模型，提取共同点，构建研究模型 |

续表

| 研究步骤 | 主要活动 | 对应内容 |
| --- | --- | --- |
| 假设检验 | 对各项构念进行证据的持续复核，横跨各案例的逻辑复现 | 根据研究模型复现每一案例的故事线，并与原始资料进行比对 |
| 对话阶段 | | |
| 文献对比 | 与相关文献对比 | 服务质量、服务体验、卓越服务等研究 |
| | 与现有研究对比 | 精益服务（Fine Service）的现有研究 |
| 结束 | 尽可能达到理论饱和 | 检验并丰富精益服务的概念<br>构建精益服务的理论 |

资料来源：本研究设计。

## 二、研究案例的选择

尽管单一案例研究和多重案例研究设计都能够取得较为圆满的结果，但在条件和资源允许的前提下，为了使研究结果更具科学性和说服力，还是应该尽量采用多案例研究（Yin, 2003）。伦纳德·巴顿（Leonard-Barton，1990）的研究也表明将纵向案例研究与回顾性案例研究相结合能够减少数据收集中可能出现的统计误差，同时有助于识别数据中更深层次的嵌入代码和模式。基于案例企业的代表性和研究资料的可得性，本研究选取了来自酒店、银行及医疗美容行业的三家代表性企业作为案例进行研究，并通过对三家企业精益服务的纵深案例研究和多重案例比对检验精益服务的概念，构建精益服务的理论模型。

值得注意的一点是，精益服务并非高档服务企业的专属产品，中档服务企业与经济型服务企业也能提供精益服务。事实证明，大量经济型服务企业与中档服务企业确实为顾客提供了优秀的服务，其中很多企业都被顾客津津乐道。为了保证案例研究的外部效度，本研究所选取的三家案例企业不仅来自不同行业，还分别代表了高档服务企业、中档服务企业与经济型服务企业。

1. R 酒店

R 酒店是高档服务企业的典型代表。R 酒店源自 19 世纪下半叶的欧洲大陆，成长于法国巴黎和英国伦敦，并在 19 世纪末 20 世纪初达到首次辉煌与鼎盛，之后相继传入世界各地。1927 年，R 酒店首次登陆美国波士顿。1983 年，美国亚特兰大的威廉·约翰逊房地产公司买下 R 酒店品牌的所有权，成立了 R 酒店管理公司，标志着 R 酒店作为一个有着深厚历史渊源而又全新独立的美国高端酒店品牌杀入世界酒店行业。1990 年 R 酒店被评为“美国最佳连锁酒店”，1992 年和 1999 年两次获得美国最高质量奖——马尔科姆·鲍德里奇国家质量奖，成为获此殊荣的唯一一家酒店服务公司，一度蝉联“美孚五星奖”和“3A 五星钻石奖”，且所有的 R 酒店都拥有至少一个“AAA 四钻”和“莫比尔四星”奖。酒店一流的服务被美国权威旅游杂志《康德纳斯旅行者》和《旅游与休闲》在各种形式的评选中评为世界级最佳酒店。2001 年，高思盟接替舒尔茨出任 R 酒店的首席运营官，公司又一次步入快速品牌扩张的时期。1991 年中国首家 R 酒店落户上海，至今已陆续在北京、上海、广州、深圳、三亚和香港开设八家分店，其在天津的分店也在筹备中。从诞生至今，R 酒店的定位从最初的欧洲大陆皇室成员和王公贵族，到后来的社会名流和精英人群，始终面向仅占全世界人口 5%的精英人士。一直以来，能够入住 R 酒店是一种身份和地位的象征。

R 酒店被称为现代酒店业的鼻祖，它的诸多理念和创新方式均是现代酒店业的范本与标准。著名旅游专家吉姆·斯特朗先生就明确指出：“R 酒店在全球市场上的意义就在于其提升了整个行业的水准，并不断把竞争引领向他们追求的水平，而超越一般竞争水平的卓越服务，正是他们成为行业领袖的关键。”不仅如此，

R 酒店如何获得趋于完美的顾客体验也是众多学者和业者竞相研究的对象。在 CNKI 仅“服务经济”一个领域的文献检索中，就有 240 余篇以 R 酒店名称作为关键词的研究文献；在 EBSCO 数据库中输入 R 酒店名称，从 1985 年到 2016 年共找到相关记录 1058 篇，其中报纸、杂志和贸易出版物 1020 篇，学术理论 29 篇。2007 年博维管理咨询策划出版了《标杆·服务王牌》系列丛书，将 R 酒店作为首个服务标杆权威个案。2008 年约瑟夫·米歇利出版 *The New Gold Standard: 5 Leadership Principles for Creating a Legendary Customer Experience Courtesy of The Ritz-Carlton Hotel Company*，详细介绍了 R 酒店创造传奇客户体验的诸多做法和隐藏在背后的服务文化。

鉴于 R 酒店百年来几近完美的服务表现，从 2009 年开始，研究团队便将 R 酒店作为精益服务的典型标杆进行了为期 3 年的跟踪研究，多次对 R 酒店在中国的各家分店管理者进行深度访谈，并通过亲身体验、现场观察、信息监控、文献查阅等诸多渠道关注 R 酒店在精益服务方面的变化和改进，掌握了大量研究资料。

2. B 银行

B 银行是中档服务企业的代表。该行创建于 2005 年，是 1996 年以来国务院批准设立的首家全国性股份制商业银行，也是首家总部在天津的全国性股份制商业银行，同时还是首家在发起设立阶段就引入境外战略投资者的商业银行。到 2012 年，该银行已在全国 13 个省市设立了 13 家一级分行，2 家二级分行和 50 家支行。在英国《银行家》杂志公布的 2014 年度全球银行 1000 强排名中成功跻身 300 强，并先后获得“最佳小微企业金融服务品牌”“卓越股份制商业银行”“中国最佳网络银行”“中国中小企业金融服务客户满意十佳典范品牌”“中资银行稳健成长奖”“最具潜力股份制商业银行奖”“天津市中小企业特殊服务贡献奖”等奖项，连续五年蝉联中国中小商业企业协会评选“年度全国支持中小企业发展十佳商业银行”奖项。

从 2010 年起，研究团队与 B 银行合作推进 B 银行企业文化与品牌规划项目，并确立了将精益服务作为服务主导战略的发展路径。同时，B 银行也在不断探索发展精益服务的方式与策略，并取得了不俗的成绩。在与 B 银行长达两年的合作研究中，研究团队访谈了 B 银行的所有高层管理者、独立董事和中层管理者，拜访了该行的数家重点客户，走访了该行在北京、天津、上海、杭州、深圳、广州的数家分支机构，掌握了大量真实可信的研究资料。

3. Z 医疗美容诊所

Z 医疗美容诊所是一家面向普通大众的私营企业，是经济型服务企业的代表。该诊所创立于 2002 年，是天津市卫生部门核准的正规专科医学美容机构。诊所现有优秀的专业医疗美容专家 10 余人，专业美容师和足疗师 20 余人。10 多年来，Z 诊所始终秉承并坚持“为顾客提供高品质、专业化、国际化、人性化的整形美容产品和服务”这一理念，不断进行硬件设备和软件服务的升级改造，目前已形成具有独创性的医疗和美疗体系，服务项目除基础护肤之外，还包括精致五官整形、手术除皱、形体雕塑、注射微整形、激光皮肤管理、中医养生美容和精致纹绣七大星级服务项目。凭借先进的诊疗设备和国际水准的个性化服务，Z 诊所基本垄断了天津市部分区县的医疗美容市场，走在天津地区医疗美容行业的前端。

研究者作为顾客在 Z 医疗美容诊所接受了 3 年的美容护肤服务，以一名普通顾客的身份参与并亲身体验了诊所的服务改进和升级。经过长期观察及与诊所管理者和服务人员的多次正式与非正式沟通，研究者发现该诊所近 95%的顾客为长期顾客，且持续接受服务长达 2 年甚至更长时间。不仅如此，很多顾客都与诊所的管理者或美容师成了亲密的朋友，顾客与诊所之间建立了较深厚的情感纽带。

## 三、研究资料的收集

为了保证数据的完整性、全面性和真实性，确保案例研究的效度，本研究广泛搜集了多种来源的数据，包括案例企业的研究文献、档案记录、访谈记录、直接观察记录和参与性观察记录。为了便于分析和重复研究，本研究建立了案例分析资料库，并编制了资料清单，如表 3.2 所示。

**表 3.2　案例研究数据库资料清单**

| 案例企业 | 资料形式 | 资料对象/名称 | 数量/地点 | 调研/出版时间 |
|---|---|---|---|---|
| R 酒店 | 研究文献 | 研究论文 | 35 篇 | 1988~2012 |
| | | 以 R 酒店为案例的专著 | 1 本 | 2005.10 |
| | | 全面介绍 R 酒店的专著 | 2 本 | 2007.3；2009.6 |
| | 档案记录 | R 酒店网站 | —— | 2012 年 |
| | | R 酒店企业文化手册 | | 2012 年 |
| | 访谈记录 | R 酒店北京金融街店大堂经理 | 北京金融街店 | 2009.9 |
| | | R 酒店三亚店总经理 | 三亚店 | 2010.5 |
| | | R 酒店上海浦东店大堂经理 | 上海浦东店 | 2011.6 |
| | 直接观察 | R 酒店北京国贸店 | 北京国贸店 | 2012.9 |
| | 参与观察 | R 酒店北京金融街店 | 北京金融街店 | 2009.9 |
| | | R 酒店三亚店 | 三亚店 | 2010.5 |
| | | R 酒店上海浦东店 | 上海浦东店 | 2011.6 |
| | | R 酒店广州富力店 | 广州富力店 | 2011.11 |

续表

| 案例企业 | 资料形式 | 资料对象/名称 | 数量/地点 | 调研/出版时间 |
|---|---|---|---|---|
| B银行 | 档案记录 | B银行网站<br>B银行内部文件 | —— | 2006~2012 |
| | 访谈记录 | B银行行长、董事长<br>B 银行高级管理层、独立董事<br>B银行中级管理层<br>B银行分行高级管理层 | B银行总行<br>B银行总行<br>B银行总行<br>各地分行 | 2010.10<br>2010.10<br>2010.10<br>2010.11 |
| | 现场观察 | B银行总行<br>B银行重点分行 | B银行总行<br>京津沪杭等分行 | 2010.09<br>2010.9~2010.11 |
| | 参与观察 | B银行工作会议记录 | 31次 | 2010.9~2011.10 |
| Z诊所 | 档案记录 | Z诊所网站<br>Z诊所内部资料 | —— | 2010~2013 |
| | 深度访谈 | 所长、业务主管、服务主管 | Z诊所 | 2013.2 |
| | 焦点访谈 | Z诊所美容师<br>Z诊所顾客 | Z诊所<br>Z诊所 | 2013.3<br>2013.3 |
| | 参与观察 | Z诊所 | Z诊所 | 2010~2013 |

资料来源：本研究整理。

## 四、案例研究的质量控制

为了保证研究的信度与效度，本研究在案例研究过程中做了以下工作：

第一，在资料搜集过程中，本研究收集了多种形式的研究资料，包括对管理者的深度访谈、对员工或顾客的焦点小组访谈、查阅研究文献和专著、现场观察与亲身体验服务、翻阅内部记录、参与公司服务会议等。在资料搜集过程中，及时将整理好的资料交由资料提供者复核审阅，保证资料的真实性和有效性，确保案例研究的构念效度。

第二，在资料分析中，本研究根据时间顺序对每一案例企业的研究资料进行排序，并通过建立典范模型和还原故事线的方式描述变量或事件之间的因果关系，同时注意推论过程的严谨性，保证案例研究的内部效度。

第三，本研究采用了跨案例研究的方法，通过对来自不同服务行业的三家案例企业的比较研究提炼共同属性，确保案例研究的外部效度。

第四，为了保证研究信度，本研究建立了案例研究的资料库，对各阶段的研究资料进行认真、翔实、完备的记录和保存，以便为后续研究提供详细的原始资料信息和重复验证的基础。

此外，本研究一直以团队形式组织开展资料收集、调研、分析等工作，团队成员包括长期从事服务研究的教授、副教授、讲师、博士生和硕士生。另外，研究团队还曾与部分案例企业有过项目合作形式的长期接触，且在项目推进过程中广泛吸收了多名专业咨询顾问、职业经理人和外部专家，通过焦点小组与头脑风暴等形式多次请各方人员各抒己见，尽量减少因研究者自身偏见所带来的研究误差，保证案例研究的信度与效度。

## 第二节　案例企业精益服务的扎根分析

### 一、R 酒店精益服务的扎根分析

本研究将搜集到的 R 酒店资料按照句子和段落进行分解，将表达一个完整意思的语句或段落作为一个独立标签，在此基础上依次进行开放性译码、主轴译码和选择性译码，识别核心范畴，寻找范畴之间的联系，建立典范模型。

（一）R 酒店精益服务的开放性译码

开放性译码是扎根理论研究方法的基础性译码程序，是将研究资料逐层概念化和范畴化的过程。研究者通过对研究资料逐字逐句的译码，达到认清现象、界定概念、发展范畴的目的。本研究将 R 酒店资料中完整表达同一个意思的语句作为一个标签，将在本质上具有相同或相似性的标签归纳为概念，再将具有同质性或相似性的概念聚拢在一起提炼出若干范畴。得到范畴之后，本研究又将范畴与原始资料对比，在原始资料中寻找范畴所包含的内涵，确保开放性译码与原始资料的一致性和饱和性，即开放性译码提炼的范畴准确全面地再现了原始资料的全部内容，如表 3.3 所示。

**表 3.3 R 酒店精益服务的范畴及内涵**

| 编号 | 范畴名称 | 范畴内涵 |
|---|---|---|
| R1 | 奢华价值定位 | 酒店从创立之日起就以奢华为目标，强调创造顾客体验、富丽堂皇的环境、富有创意的设计风格，以及近乎严苛、毫不妥协的质量要求；这一价值定位不仅代表了当时最先进的理念，在今天依然成为酒店经营的核心方针 |
| R2 | 定位高端 | R 酒店设立之初的目标客户群主要是奢侈消费者和奢侈旅行家，酒店一贯坚持的宗旨就是为了满足这类客户群的期望而提供优质的服务，百余年来，R 酒店一直坚持为全球 5% 的精英阶层提供优质的服务 |
| R3 | 服务理念 | 强调顾客体验、有形环境和卓越品质是酒店始终坚持的核心价值与经营方针，历任酒店管理者先后提出了“客人永远不会错”的观点、“黄金标准”、20 条员工基本准则等一系列规范，明确了酒店对个性化服务、奢华环境和预知客人需求等方面的要求，巩固了以客人为中心的服务理念 |

续表

| 编号 | 范畴名称 | 范畴内涵 |
| --- | --- | --- |
| R4 | 开放式学习 | 为了研究当代消费者对奢华服务的需求，R 酒店不断进行观察和调研，也走访其他时尚奢侈品公司，向宝格丽、梅赛德斯奔驰、美国运通和普拉达等公司学习，了解他们是如何认识和满足顾客需求的，以便更加有效地满足客户期望，保持与客户同步 |
| R5 | 持续改进 | 酒店目前的顾客群体具有非常大的差异性，酒店必须相应地采取行动，和顾客一起进步、变化，特别是让年轻的顾客不把 R 酒店当成凯迪拉克那样的旧时代品牌 |
| R6 | 管理顾客需求 | 酒店从两个方面满足客人需求：一方面要满足客人的显性需求，对客人所能想到的其他需求，酒店能迅速予以满足。让客人能切实感受到酒店提供的个性化服务，体验到一流设施带来的享受，从而在心理上获得一种舒适感；另一方面要为客人创造一种意想不到的非凡体验，要超出客人的心理预期，满足客人自己都没有注意到的、没有想到的愿望和需求 |
| R7 | 坚持顾客视角 | 酒店坚持顾客视角，以识别顾客需求为前提，通过站在顾客的角度考虑问题，预测、分析顾客的期望和偏好，据此优化改进服务设计，让顾客感到舒适、方便和亲切 |
| R8 | 领导力 | 领导力的作用体现在搭建平台，构筑成功要素，推动公司向前发展从而取得成功，而不是监督、批评员工；在 R 酒店，领导力对推动服务理念的落实具有至关重要的作用 |
| R9 | 理念的现代化发展 | 结合现代酒店发展的需要，酒店的继任领导者对创始人的理念不断挖掘和提炼，制定出一套完整全面、规定细致的黄金标准，使酒店的服务理念在科技发达的现代社会重新得到诠释和扩展，得到更为彻底地贯彻 |
| R10 | 企业文化深入人心 | 为了将文化理念深入人心，并融入日常工作，酒店特意发给员工记录着公司金牌标准的三页袖珍卡，卡片上印有非常简单的优质服务三步骤，方便员工每天强化学习；2006 年，酒店推出了用员工口吻“我”打头的 12 项服务价值，使领导者和一线员工对透明化的商业目标达成共识，并提升了相互信任度 |
| R11 | 理念传承 | 酒店创始人定义了酒店豪华服务的基调，确立了酒店完美服务的传统，经过百余年，酒店至今的基本服务理念和经营理念仍旧与创始人的观点一脉相承，确保酒店百年纯正的奢华血统 |

续表

| 编号 | 范畴名称 | 范畴内涵 |
|---|---|---|
| R12 | 情感驱动的奢华 | R 酒店除了追求有形环境和设施的奢华，更加追求为顾客带来“刺激”“震撼”的独特感受，为顾客奉献情感的奢华盛宴 |
| R13 | 独特体验 | 经过仔细分析，酒店管理者发现顾客并不希望在酒店复制家的感觉，而是希望能体验到在家体验不到的经历，获得具有震撼性的体验，以及比预期更高的附加价值、个性化关注和享受 |
| R14 | 因地制宜 | R 酒店规定在不同区域的酒店布置与设计上要遵循因地制宜的原则，如规定不同区域的酒店必须选择摆放当地特色及季节性的鲜花；让坐落于传统街区的酒店保持经典的古朴风格，将坐落于新兴发达地区的酒店设计成富有现代气息的建筑 |
| R15 | 愉快的服务接触 | 酒店重视服务界面的设计，确保所有界面都能展现酒店奢华的价值追求；通过愉快的交流了解顾客需求，为顾客准确提供更个性化和人性化的服务，为顾客带来如玩过山车时的“惊喜”“震撼”和“刺激” |
| R16 | 个性化的服务 | 世界各地的 R 酒店都在员工基本准则中明确规定员工应为客人提供个性化的完美服务；通过前期对顾客需求的分析和服务要素的设计，让顾客感到酒店在设计、设施、人员、服务内容等方面都符合顾客的口味。顾客特殊需求得到满足，仿佛酒店为其量身定做一般 |
| R17 | 顾客满意 | 一家独立研究企业对 R 酒店的调查资料显示，顾客对员工的满意度达到 97%，对销售人员达到 97%，对设施情况达 95%，对于那些首选 R 饭店的顾客，满意率为 94%。酒店在客户之声 2007 年“北美地区豪华酒店客户满意度调查”中排名第一；被市场矩阵有限责任公司的市场客户满意深入测量分析系统评为“客户满意度最高的豪华酒店” |
| R18 | 承认员工的重要作用 | 酒店管理者将员工称为“酒店之心”，认为员工在酒店经营中起着关键性的作用，并将员工放在与顾客同等重要的位置上 |
| R19 | 员工支持 | 员工认同酒店的价值观和服务理念，拥护并坚决执行酒店决定，有极强的自豪感和主人翁意识，将酒店发展与个人发展联系在一起，将在服务顾客中的出色表现作为实现个人价值的最佳途径 |

**续表**

| 编号 | 范畴名称 | 范畴内涵 |
|---|---|---|
| R20 | 尊重员工 | 酒店提出“我们是为绅士和淑女提供服务的绅士和淑女”，改变传统“顾客是上帝”的纯顾客导向的服务文化，建立全新的、基于平等基础的服务观念，将员工放在与顾客同等重要的位置，激发员工的自豪感，促使员工将为顾客提供优质服务作为实现自身价值的重要途径 |
| R21 | 内部认同 | 酒店认为员工之间的相互认同和尊重有时比来自上级的认同还要重要，管理者鼓励员工相互赞赏，积极发现同事的优点。为了支持这一行为，领导者设立了一系列的项目，为优秀员工准备了从“一流卡”到季度性、年度性的“五星级员工奖” |
| R22 | 广纳贤才 | 酒店非常尊重人才，广纳贤才，以谦虚的姿态赢得了众多酒店业奇才的信任和认可。酒店制定严格的人才选拔标准和统一的招聘模式，挑选最优秀的求职者加入酒店，每位员工必须经过全面的选拔程序后方可录用 |
| R23 | 正向激励 | 酒店最常用的激励方法是充分肯定和鼓励员工行为，从不轻易惩罚员工。每年的晋升要与雇员个人的表现紧密结合起来，当一个部门提出改进服务质量的建议被采纳后，雇员都可以获得奖励；酒店会创造条件，表彰和奖励做出贡献、取得突出成绩的员工 |
| R24 | 信任与授权 | 酒店强调员工具有为顾客创造独特而难忘的体验以及必须迅速解决客户问题的责任和权利，为每位一线员工授予一定金额的应急预算，允许员工在认为需要为客户提供额外服务或补偿时，无须报告上级主管等候批准，便可以直接在授权额度内迅速处理，以创造独特而难忘的客户体验 |
| R25 | 健全培训体系 | 酒店有健全的培训体系，新员工要参加为期两天的入职培训。每位员工须完成为期 21 天的培训认证，接受超过 300 小时的年度服务技能培训；根据集团战略规划和组织目标，新上任的经理和员工平均要接受 250~310 小时培训；酒店雇员每年必须接受 126 小时质量管理培训；酒店注重每日例会在培训中的作用，每日 15 分钟的例会加在一起为员工提供了每年超过 65 小时的培训 |
| R26 | 关注员工职业发展 | 酒店为员工提供优越的发展空间，会时时询问员工的职业发展目标，了解员工的职业发展期望，并结合员工兴趣、专长和能力为员工提供机会 |

续表

| 编号 | 范畴名称 | 范畴内涵 |
| --- | --- | --- |
| R27 | 重视员工意见建议 | 无论是重大决策还是日常事务，管理者都会仔细倾听并重视员工提出的意见和建议；如果员工对服务改进有任何的想法，都可以非常方便地找到反映的途径和渠道，向高层领导表达自己的观点和看法 |
| R28 | 员工忠诚 | 与同类酒店相比，R 酒店的员工流失率是最低的，员工忠诚度是最高的；酒店被翰威特调查评选为全亚洲地区、墨西哥地区和土耳其地区的“最佳雇主”；酒店人力资源部门领导表示酒店员工喜欢酒店营造的良好工作氛围，留恋酒店合作团队，很少会轻易离开酒店这一集体 |
| R29 | 对质量的不懈追求 | 酒店创始人父子追求服务品质至上，将毕生精力投入到品质的建设中，为酒店打下坚固的质量基础；后继者将国家质量奖的最高标准作为酒店经营的目标，坚定传承酒店的质量理念 |
| R30 | 标准化服务和时间框架 | 酒店对影响服务质量的各个因素进行分解，针对每个要素设计了严格的操作规程、服务标准和时间框架，确保酒店各个部门高效运转，减少因操作不规范带来的损失 |
| R31 | 全面质量管理 | 酒店历任管理者坚持对质量不遗余力的追求，引入代表美国最高荣誉奖的马尔科姆·鲍德里奇国家质量奖的评估标准作为公司质量管理工作的奋斗目标，采用 PDCA 循环等一系列措施推行了全面质量管理的理论实践；酒店建立了完善的客人信息和反馈制度，追踪客人意见，及时针对客人需求做出调整，保证服务全过程的质量监控和服务质量完美无缺 |
| R32 | 制定服务标准 | 酒店建立了通用的员工管理规则，告诉员工工作要有规有矩，严格规范服务人员的着装、用语和行为；酒店制定了涉及酒店内各个岗位的工作规范和服务标准，对影响服务质量的各个因素进行量化测量和评定 |
| R33 | 规定时间框架 | 酒店对日常服务进行严格的时间设定，规定员工接听电话要遵守电话礼节，铃响不能超过三下；为确保客人用餐的舒适，必须两分钟内向客人提供水和面包，并要求早餐时段必须在一分钟内向客人提供咖啡等 |

续表

| 编号 | 范畴名称 | 范畴内涵 |
| --- | --- | --- |
| R34 | 优秀品质 | 酒店曾在 1992 年和 1999 年两次荣获马尔科姆·鲍德里奇国家质量奖；一度蝉联“美孚五星奖”和“3A 五星钻石奖”，且所有的 R 酒店都拥有至少一个“AAA 四钻”和“莫比尔四星” |
| R35 | 奢华舒适的服务环境 | 酒店的装修与装潢一向以低调的奢华著称，对服务场所内的温度、湿度、采光、通风等进行严格监控，所有的设施、用品和器皿无一不选择美观且高质量的精品；从富丽堂皇的大厅到悬挂古朴壁画的走廊，再到现代设备一应俱全的客房，无一不让顾客感到奢华与舒适 |
| R36 | 交流亲切热情 | 酒店领导者鼓励员工积极增进和顾客间的情感交流，长期以来一直倡导员工称呼客人的名字，以此来增加对客人的关注，增进双方的情谊；在黄金准则中，酒店明确规定了员工与顾客在交流中必须注意的问题，如表情、态度、文明用语等 |
| R37 | 服务人员形象专业 | 酒店认为每一位员工都有责任按照酒店的仪容仪表要求着装打扮，以专业的形象出现在客人面前；酒店要求员工从头到脚的整体形象必须是光鲜而职业化的，从着装、发型和妆容的色彩、饰物的风格和数量到前额刘海、胡须和鬓角的长度都有明确而细致的规定 |
| R38 | 创造情感体验 | 这是酒店堪称奢华的主要原因，也是百年不衰的法宝；除了为顾客提供优质的住宿服务外，酒店倡导在服务中投入人文情感，为顾客创造难忘的情感体验，并将与顾客之间的情感联系作为持久竞争力的来源 |
| R39 | 技术应用 | 技术帮助酒店改善与客人之间的关系；酒店员工通常积极查询顾客信息系统中储存的资料，利用搜索引擎查找顾客的照片，并通过头戴式耳机实时交流顾客信息 |
| R40 | 建立喜好档案 | 酒店为所有客人建立了喜好档案，记录客人入住期间表现出来的生活习惯和日常爱好；酒店每年要观察 25000 名客人，以便找出在服务质量方面需要改进的地方；喜好档案会在全球所有的 R 酒店共享，无论客人再次入住在哪里，酒店都会提供符合客人习惯和爱好的服务 |

续表

| 编号 | 范畴名称 | 范畴内涵 |
|---|---|---|
| R41 | 移情顾客 | 酒店要求员工像对待家人一样去看待顾客，从关怀者的角度去感受别人的需求与心情，通过与顾客一对一的交流，根据顾客的独特偏好定制他们所期望的完美服务，从而减少与顾客间的距离，极大地创造顾客的满意度及愉悦感，使顾客终生难忘 |
| R42 | 顾客的价格观念 | 酒店面向较高消费能力的精英人群，这些顾客在日常生活中往往需要克服各种压力；当他们选择商品或服务时，会选择质量安全可靠、服务有保证、无须劳神费心的品种，他们知道在酒店无论发生什么都不需要自己操心，并愿意为此付出额外费用；但他们同时也是挑剔的，会衡量每一分钱的综合性价比 |
| R43 | 严格的成本与收益管理 | 强调奢华的环境和个性化服务增加了经营成本和财务压力，酒店必须确保将每一分钱花费在关键的地方，对相对次要的地方则要进行严格的成本控制，同时还要对酒店收益进行实时监控，明确酒店的盈利能力 |
| R44 | 技术的成本有效性 | 强调技术的综合性、易用性，节省使用成本，增加技术的功效，促使技术投资发挥最大作用 |
| R45 | 节能措施 | 酒店通过严格的节能措施控制成本，将保护好酒店财产作为每一位员工的责任，规定员工要注意节约能源，维护、保养好饭店的财产、设备，并注意环境的保护，如为主要能耗部门制定能源考核制度，实行能耗定额；严格管理柴油、汽油、天然气等能源的使用；在涉及客房、空调和照明系统中采取节能措施；注重对物品的循环使用等 |
| R46 | 收益监控 | 酒店通过建立 RevPAR（每间客房收益）指标确保对每间客房收益指标的关注，根据客房收益情况及时作出调整 |
| R47 | 替代的增值服务选择 | 员工们深知公司财务状况的重要性，在处理顾客问题时，并非一开始就一味利用 2000 美元的授权额度，而是先通过对话或者其他形式的沟通手段来解决问题，然后再做一些特殊的补偿来挽回顾客，其结果往往超出顾客的心理预期，为他们带来惊喜 |

续表

| 编号 | 范畴名称 | 范畴内涵 |
| --- | --- | --- |
| R48 | 具有竞争力的盈利能力 | 酒店的客房收益大大超出了豪华酒店的平均水平，取得了他人难以与之抗衡的竞争实力 |
| R49 | 服务品牌 | 凭借对细节的信心观察和用心照顾，R 酒店树立了自己的优质服务品牌，被奢侈品调查机构定位为“最负盛名豪华品牌” |
| R50 | 顾客忠诚 | 通过对细节的关注和对客人细节要求的满足，酒店稳固了自己的客户群体；相比其他同类酒店，R 酒店的顾客忠诚度更高，酒店老主顾频频光顾，很多客人都是回头客，无数客人来信及送礼物 |
| R51 | 屡获殊荣 | 酒店被美国权威旅游杂志《康德纳斯旅行者》和《旅游与休闲》在各种形式的评选中评为世界级最佳酒店，被美国《财富》杂志列为“最佳服务供应商”之一 |

资料来源：本研究整理。

（二）R 酒店精益服务的主轴译码

在开放性译码中，本研究通过逐层分析提炼出 51 个范畴，对原始资料进行了一定程度的浓缩抽象。在主轴译码中，本研究将返回原始资料寻找范畴之间的关系，并借助典范模型的工具识别各范畴在案例中扮演的角色，分析具体现象的因果条件、脉络、行动/互动策略和结果，从而建立各范畴之间的逻辑联系，提炼若干主范畴，以便对范畴有更加全面和清楚的认识。经过对各范畴内涵和关系的分析梳理，本研究共提炼出 9 个主范畴，分别构建了各主范畴的典范模型，明确了范畴与主范畴之间的对应关系，如表 3.4 所示。

表 3.4　R 酒店精益服务的主范畴及与范畴的关系

| 编号 | 主范畴 | 典范模型所涉及的范畴 |
| --- | --- | --- |
| RR1 | 定位高端 | 奢华价值定位（R1），定位高端（R2），服务理念（R3），开放式学习（R4），持续改进（R5），管理顾客需求（R6） |
| RR2 | 服务理念 | 坚持顾客视角（R7），服务理念（R3），领导力（R8），理念的现代化发展（R9），企业文化深入人心（R10），理念传承（R11） |
| RR3 | 独特体验 | 情感驱动的奢华（R12），独特体验（R13），管理顾客需求（R6），因地制宜（R14），愉快的服务接触（R15），个性化的服务（R16），顾客满意（R17） |
| RR4 | 员工支持 | 承认员工的重要作用（R18），员工支持（R19），尊重员工（R20），内部认同（R21），广纳贤才（R22），正向激励（R23），信任与授权（R24），健全培训体系（R25），关注员工职业发展（R26），重视员工意见和建议（R27），员工忠诚（R28） |
| RR5 | 标准化服务和时间框架 | 对质量的不懈追求（R29），标准化服务和时间框架（R30），全面质量管理（R31），制定服务标准（R32），规定时间框架（R33），优秀品质（R34） |
| RR6 | 愉快的服务接触 | 独特体验（R13），愉快的服务接触（R15），尊重员工（R20），奢华舒适的服务环境（R35），亲切热情的交流（R36），服务人员的专业形象（R37），创造情感体验（R38） |
| RR7 | 个性化的服务 | 管理顾客需求（R6），个性化的服务（R16），技术应用（R39），信任与授权（R24），建立喜好档案（R40），移情顾客（R41），独特体验（R13） |
| RR8 | 严格的成本与收益管理 | 顾客的价格观念（R42），严格的成本与收益管理（R43），技术的成本有效性（R44），节能措施（R45），收益监控（R46），替代的增值服务选择（R47），具有竞争力的盈利能力（R48） |
| RR9 | 服务品牌 | 服务理念（R3），服务品牌（R49），员工支持（R19），顾客忠诚（R50），独特体验（R13），具有竞争力的盈利能力（R48），屡获殊荣（R51） |

资料来源：本研究设计。

（三）R 酒店精益服务的选择性译码

1. R 酒店案例的故事线

故事主要讲述 R 酒店如何保持百年不变的优秀品质，为顾客创造独特的服务体验。从酒店创始人创建酒店之初，酒店便将目标客户群锁定为奢侈消费者和奢侈旅行家，并将为满足这类顾客的期望而提供优质服务作为公司一贯坚持的宗旨。为了贯彻这一宗旨，酒店创始人及其继任者始终强调创造顾客体验、富丽堂皇的环境、富有创意的设计风格，以及近乎严苛、毫不妥协的质量要求，并且首次提出了“客人永远不会错”的观点。在这一理念的指引下，经过几代领导者的共同努力，酒店建立了健全的文化制度体系。在内部管理上，R 酒店重视员工的作用，认为一线服务人员是为顾客带来愉悦体验的关键因素。酒店对员工充分授权，将员工放在与顾客同等重要的位置上，并为他们提供各种培训和沟通交流的机会，不仅提升了员工的知识技能水平，还得到了员工的支持和拥护，使每一位员工都自愿成为企业理念的传递者，将为顾客提供最好的服务体验作为实现个人价值的途径。除此之外，R 酒店还建立了灵活的组织形式，鼓励部门之间的协同与配合，在顾客需要的情况下灵活变通。在服务设计上，酒店对每一个服务环节进行了科学的流程设计，规定了严格的时间框架，如规定为确保客人用餐的舒适，必须保证在两分钟内向客人提供水和面包；美国 R 酒店要求早餐时段必须在一分钟内向客人提供咖啡等。在设定服务标准的同时，R 酒店还要求员工像对待家人一样去看待顾客，从关怀者的角度去感受客人的需求与心情，通过与顾客一对一的交流，根据顾客的独特偏好定制他们所期望的完美服务，从而减少与顾客间的距离，极大地创造顾客的满意度及愉悦感，使顾客终生难忘。定位高端并不意味着客人对价格没有要求，也并不意味着酒店可以无理由的漫天要价。为了保持在价格方面的竞争力，R 酒店通过建立 RevPAR（每间客房收益）指标，确保酒店对每间客房收益指标的关注，使酒店的客户收益大大超出了豪华酒店的平均水平，取得了他人难以与之抗衡的竞争实力。而在确保为顾客提供奢华服务的同时，酒店还通过严格的节能措施控制成本。在上述努力的综合作用下，酒店凭借为顾客创造的独特体验获取了大量顾客的赞许和认同，斩获多项国际殊荣，成为屹立不倒的百年精品品牌。

2. R 酒店案例的核心范畴及其性质、面向

R 酒店的故事线再现了酒店百余年来为顾客创造独特体验的过程。在主轴译码得到的 9 个主范畴中，“独特体验”最能表现 R 酒店的服务特点，与其他范畴之间也最容易产生联系，从而形成故事线，因此本研究选择“独特体验”作为核心范畴统领全局。

服务体验是组织及相关系统或流程与顾客互动的结果（Bitner et al.1997），会受到产品、服务和氛围（功能或情感氛围）的影响（Berry, Carbone & Haeckel, 2002）。换言之，服务体验是企业向顾客提供什么（产品或服务的功能和产出）以及如何提供（使用过程、使用条件、互动中的情感体会）共同作用的结果（Bitner et al., 2002；Gronroos, 2000）。基于上述分析，本研究将服务的技术质量（企业向顾客提供什么）和功能质量（如何提供）作为核心范畴的两个主要性质。前者按程度深浅，由低到高可以分为过夜和舒适；后者根据独特体验的来源分为高功能质量的服务人员与有形要素综合体验和低功能质量的有形要素体验。

3. R 酒店核心范畴的典范模型

在识别出 R 酒店案例的核心范畴及其性质与面向之后，本研究运用典范模型将核心范畴与其他主范畴联系起来，识别因果条件、行动脉络、中介条件、互动策略及结果，如表 3.5 所示。

**表 3.5 R 酒店精益服务核心范畴的典范模型**

<table>
<tr><td>因果条件</td><td colspan="2">现象</td></tr>
<tr><td>RR1 定位高端<br>RR2 服务理念</td><td colspan="2">RR3 独特体验</td></tr>
<tr><td>因果条件的性质</td><td colspan="2">“独特体验”的特定面向</td></tr>
<tr><td>为全球 5%的精英阶层提供奢华的服务，硬件及软件均要达到顶级水平<br>以目标客户的消费特征和需求预期为所有管理活动和经营策略的出发点</td><td>服务的技术质量<br>服务的功能质量</td><td>高（舒适）<br>高（服务人员与有形要素的综合体验）</td></tr>
<tr><td colspan="3">“独特体验”行动的脉络</td></tr>
<tr><td colspan="3">“独特体验”是在下述条件下产生的：R 酒店坚持目标客户的顾客导向，以满足和管理顾客需求，提升顾客价值为一切活动和策略的出发点，一方面通过严格的标准化服务流程和内部管理节约时间与成本，提高服务和管理效率；另一方面授权员工随时根据顾客需求的特点提供个性化的服务，然后：</td></tr>
<tr><td>中介条件</td><td colspan="2">行动/互动策略</td></tr>
<tr><td>RR4 员工支持</td><td colspan="2">RR5 标准化服务和时间框架<br>RR6 愉快的服务接触<br>RR7 个性化的服务<br>RR8 严格的成本与收益管理</td></tr>
<tr><td colspan="3">结果</td></tr>
<tr><td colspan="3">RR9 服务品牌</td></tr>
</table>

资料来源：本研究设计。

## 二、B 银行精益服务的扎根分析

本研究将搜集到的 B 银行资料按照句子和段落进行分解，将表达一个完整意思的语句或段落作为一个独立标签，在此基础上依次进行开放性译码、主轴译码和选择性译码，识别核心范畴，寻找范畴之间的联系，建立典范模型。

### （一）B 银行精益服务的开放性译码

本研究将B银行资料中完整表达同一个意思的语句作为一个标签，将在本质上具有相同或相似性的标签归纳为概念，再将具有同质性或相似性的概念聚拢在一起提炼出 39 个范畴。得到范畴之后，本研究将范畴与原始资料对比，在原始资料中寻找范畴所包含的内涵，确保开放性译码与原始资料的一致性和饱和性，即开放性译码提炼的范畴准确全面地再现了原始资料的全部内容，如表 3.6 所示。

**表 3.6　B 银行精益服务的范畴及内涵**

| 编号 | 范畴名称 | 范畴内涵 |
|---|---|---|
| B1 | 客户差异化 | 截止到目前，批发银行业务一直是银行最重要的收入来源，主要客户群体以各大中小型企业为主，这类客户通常办理的业务种类多、系统性强、金额较大、对灵活性要求较高，并且呈现出非常显著的差异化，会因行业、地域、企业规模等差异而呈现出不同的需求特征 |
| B2 | 重要客户需求 | 重要大客户对银行的贡献率比较集中，前十大客户贷款集中度高于同业水平，维护与重大客户的关系对保持银行发展至关重要 |
| B3 | 客户导向 | 除了不断提升对现有客户的服务水平，强化客户关系外，B 银行还积极开发朝阳产业中具有发展潜力的中小企业客户，扶持中小企业发展壮大的过程就是 B 银行培育客户的过程；此外，各地分行还根据本地情况对具有发展潜力的行业和企业进行深入研究，除提供基础的金融服务外，还为重点企业定制综合解决方案 |
| B4 | 系统支持 | B 银行要求管理者率先垂范，亲力亲为，迅速制定和执行决策，要求员工积极回应任务和需求；在全行范围内，要求遵循并持续优化流程，建立上级为下级服务、二线为一线服务、全行为客户服务的支持系统 |

续表

| 编号 | 范畴名称 | 范畴内涵 |
| --- | --- | --- |
| B5 | 服务理念宣导 | 总行到各分行极其重视服务理念的宣导工作，董事长、行长等高管层在全行大会上多次强调树立正确服务理念的重要性，确立“以客为尊”的服务理念；深圳分行要求员工将客户视为情人，并在接受《金融理财》杂志采访时形象地阐述了B银行的服务理念及其个人对服务的理解 |
| B6 | 舒适的服务场所 | 以美观舒适作为网点建设的基本目标，设施设备先进齐全。营业厅有严格的功能分区，为个人用户配备理财专区，为洽谈业务和咨询的企业客户配备独立小型会议室，为所有客户提供免费杂志、茶水等；服务场所独具特色，即使是在银行聚集的地段也能明显地与其他银行区别开来 |
| B7 | 卓越体验的优质服务目标 | B银行将为目标客户提供“卓越体验”的优质服务，以成为优质企业客户和中高端个人客户的首选银行为发展目标，广泛吸收国内外领先同行的先进理念和成功经验，努力通过标准化流程、差别化产品、亲情化服务和人性化环境不断提高服务能力和水平 |
| B8 | 风险控制意识 | 作为一家成立不满7年的新银行，B银行在资产规模和抗风险能力方面都比较薄弱，风险控制成为银行实现稳健经营的重中之重；加之宏观调控频繁，监管政策趋紧，贷款规模受到限制，严重制约了全行授信业务的发展；在这种情况下，确保授信业务的质量，减少不良贷款至关重要 |
| B9 | 审慎经营 | 把风险控制和合规经营作为银行业务经营的生命线，真实反映资产质量和经营成果，确保符合各项监管标准和要求，稳健发展 |
| B10 | 风险管理体系 | 目前B银行已经建立了垂直独立的风险管理体系，风险管理政策体系框架已基本建成，相关具体政策正在逐步规划落实；在第二个五年规划中，银行提出将不断加强风险偏好对具体业务开展的传导机制，进一步完善授信审批和贷后管理流程 |
| B11 | 健全财务管理体系 | 优化核算，完善多维盈利分析，健全全面预算与绩效考核，提高决策水平，构建集成的财务管理平台，在绩效考核、战略量化处理、定价、资源配置等方面为业务的持续适度发展提供坚实保障 |

续表

| 编号 | 范畴名称 | 范畴内涵 |
| --- | --- | --- |
| B12 | 风险控制举措 | B 银行采用多项举措防范经营风险，如选择集团客户内有实质资产和稳定现金流的核心企业作为授信主体，防止授信过度集中带来的风险，配置集团客户经理，建立预警机制，对全行贷款组合进行定期分析和预测，通过贷后检查和早期预警等手段确定重点监测客户，对存量不良资产继续采取催收、重组、诉讼等多种措施以及对单项金额重大的信贷资产单独进行减值测试 |
| B13 | 安全性良好 | B 银行注重合规，各项指标均符合监管要求，不良资产率显著低于监管要求，是所有股份制商业银行中最低的，已经基本达到世界水平，成为一家安全性良好的守法银行 |
| B14 | 持续创造价值 | B 银行以价值的持续增长为根本目标，追求股东价值、客户价值、社会价值和员工价值的和谐均衡增长，将资本回报率和经济价值增加值作为衡量指标，努力打造能够持续创造价值的上市银行 |
| B15 | 根据市场变化持续改进 | 要求管理者和员工紧密跟踪金融最新发展动向，有效识别市场机遇和风险，针对市场变化及时作出应对措施，赢得主动，杜绝故步自封和路径依赖 |
| B16 | 特色发展 | B 银行将特色发展作为第二个五年规划的重点方向，着力在差异化服务方面下功夫，通过持续学习和对市场变化的快速响应积极开展管理、服务、产品、机制和文化创新，逐步形成独特的竞争优势 |
| B17 | 多元文化冲突 | 员工来自 200 多个单位，包括政府机构、事业单位、金融监管机构、国有商业银行、股份制商业银行和外资银行等，具有不同的文化背景和价值观，且差异较大；随着银行业务逐渐走上正轨，多元文化冲突越来越严重 |
| B18 | 企业文化建设 | B 银行成立之初曾确立了一套企业文化体系，但基本流于形式，既没有得到员工的认同，也没有在日常经营中贯彻实施；2010 年，新的领导班子上任，着力建设企业文化，通过与外部专业机构合作，对企业文化进行从价值层到行为层的全方位规划设计，并在全行进行企业文化内训工作 |

续表

| 编号 | 范畴名称 | 范畴内涵 |
| --- | --- | --- |
| B19 | 企业文化手册 | 经过两年严谨缜密的企业文化建设工作，B 银行在 2011 年推出企业文化手册，提出由愿景、品牌主张、价值观、共同准则和社会责任观共同组成的完善的企业文化体系，并在手册中严格规范了管理者和员工的行为 |
| B20 | 管理者行为规范 | 要求管理者带头践行企业文化，消除官僚习气，在学习、工作、生活等方面为员工起到模范带头作用；贴近基层、贴近实际、贴近员工，带头思考、亲自动手，为上级分忧，为员工解难，与员工一起完成各项工作 |
| B21 | 员工行为规范 | 要求员工对本职工作投入最大热情，明确个人对全行发展的重要意义，勤勉尽责，恪尽职守，尽最大努力完成既定任务和目标 |
| B22 | 团队建设 | 人适其岗，权责分明。营造员工心情舒畅的工作氛围，培养员工积极向上的进取精神，鼓励团队协作，激发员工敢闯敢干、勇于奉献和承担责任的创业激情，引导员工创造一流的工作业绩 |
| B23 | 品牌主张 | 确立了“精致服务，携手创富”的品牌主张，坚持以客户为中心，为客户从网点设施环境到技能方式，提供精细、周到和人性化服务的价值追求；与众多利益相关者建立紧密和谐的伙伴关系，共创价值，共同成长 |
| B24 | 品牌内化 | 将品牌主张作为出发点指导内部流程优化和金融产品设计等一系列环节，通过灵活的组织结构设计、后台为前台服务、一切为顾客服务的系统支持和认同品牌价值的员工支持，将业务运营与品牌主张结合在一起，确保品牌价值的正确传递 |
| B25 | 品牌体系建设 | 以品牌主张为中心，建立包括行徽、品牌主张和吉祥物在内的品牌视觉识别系统；将银行原有的零散金融产品品牌整合在一起，纳入到统一的品牌体系中，设计对应的产品品牌名称和传播口号，构建从产品支撑到对外传播的完善的品牌体系 |
| B26 | 组织建设 | 对各业务条线团队设置进行优化，补充相关人员，引进专业人才；建立灵活的组织形式，快速适应市场变动、客户需求和业务发展的需要；在现有组织架构的基础上，继续加强总行运营管理团队的人员配备和管理人才队伍建设 |

续表

| 编号 | 范畴名称 | 范畴内涵 |
| --- | --- | --- |
| B27 | 传递品牌价值 | 在后台运营方面，一切以客户需求为中心配置资源，设计产品、提供支持；在服务界面方面，将每个与顾客的接触点，如网点设施、CI 和 VI 展示、服务人员等作为精致服务的接触点和塑造点，时刻传递品牌价值 |
| B28 | 标准化业务管理 | 制定系统的服务规范，建设并不断优化风险管理体系、财务会计管理体系、资产负债管理体系、资本管理体系、薪酬绩效考核体系、监督评价体系和服务规范等体系的规范化操作流程；量化管理指标，以标准化减少经营中的不确定性，缓冲由顾客需求变动对业务经营可能造成的影响；对业务办理程序规定严格的时间框架，杜绝拖延 |
| B29 | 精细化管理 | 提倡厉行节俭，勤俭办行。财务部门精打细算，增收节支；风险部门见微知著，防微杜渐；综合、行政部门规范程序，提高办公效率；营销部门注重细节，体现对客户的尊重 |
| B30 | 流程优化 | 借鉴渣打银行管理经验，按照流程银行建立较为清晰的矩阵式管理架构，梳理和优化关键流程，识别风险控制点，逐步实现系统自动化控制 |
| B31 | 提升专业技能 | 逐步完善内部培训机制，通过全面的能力拓展和业务培训提高员工的职业素质和专业技能，建立科学的职业生涯规划帮助员工在工作中学习和进步；在全行范围加强营运专才队伍建设，通过固化培训、考核、评估三位一体的机制不断提升专业技能和水平 |
| B32 | 规章制度体系 | B 银行进一步规范基本制度，先后通过《特别重大资产处置、重大资产处置界定方案》《财务管理制度》《基本会计制度》《资本管理制度》《压力测试方案》《声誉风险管理政策》等一系列规章制度，不断推动各项业务和管理各方面的标准化规范体系建设 |
| B33 | 个性化金融服务 | B 银行为适应客户需求，推出了一系列特色产品和服务，如已经推出的“供应链融资”“创服贷款”“好易贷”和“浩瀚理财”等产品；在继续优化现有产品的同时，结合重点行业、地域及企业特点不断进行产品创新，如杭州分行为船舶企业提供融资综合解决方案 |

续表

| 编号 | 范畴名称 | 范畴内涵 |
| --- | --- | --- |
| B34 | 创新文化 | 将创新作为全体成员的方向和模式，永葆创业激情，学习和汲取先进经验，不断制定新目标、接受新挑战，敢于尝试新方法，不断开拓新业务和新市场，创新管理思路和方法，优化流程，拓展业务 |
| B35 | 持续学习 | 鼓励建立学习型组织，主动学习新理论、新知识、新技术和新方法；密切关注国内外优秀同业信息，虚心学习同业优秀经验 |
| B36 | 细节创造价值 | 关注客户细节，判断客户需求，银行每一位客户经理都对其客户的信息倒背如流；在调研之前，工作人员会针对潜在客户进行大量准备工作，从企业发展到管理者个人风格及喜好，从中判断客户需求，寻找服务价值的增值点 |
| B37 | 积极的情感沟通 | 将合作扩展到业务以外的其他领域，通过综合性服务平台的建设，如专为爱好高尔夫运动的人士和贵宾客户建立的浩瀚理财俱乐部，整合各种服务资源，为企业客户和中高端个人客户提供全方位的增值服务，与客户建立紧密牢固的和谐伙伴关系 |
| B38 | 共同成长 | 与广大客户、投资者、合作者和员工建立紧密、牢固、和谐的伙伴关系，携手创造价值，相互助力成长 |
| B39 | 内部和谐氛围 | 通过企业文化建设，银行内部积极营造平等交流、畅所欲言的工作环境，鼓励员工为银行发展建言献策；员工之间互相尊重理解，宽容大度，彼此帮助，相处和谐 |

资料来源：本研究整理。

（二）B 银行精益服务的主轴译码

在开放性译码中，本研究通过逐层分析提炼出 39 个范畴，对原始资料进行了一定程度的浓缩抽象。在主轴译码中，本研究将返回原始资料寻找范畴之间的关系，并借助典范模型的工具识别各范畴在案例中扮演的角色，分析具体现象的因果条件、脉络、行动/互动策略和结果，从而建立各范畴之间的逻辑联系，提炼若干主范畴，以便对范畴有更加全面和清楚的认识。经过对各范畴内涵和关系的分析梳理，本研究共提炼出 9 个主范畴，并分别构建了各主范畴的典范模型，明确了范畴与主范畴之间的对应关系，如表 3.7 所示。

**表 3.7 B 银行精益服务的主范畴及与范畴的关系**

| 编号 | 主范畴 | 典范模型所涉及的范畴 |
| --- | --- | --- |
| BB1 | 客户导向 | 客户差异化（B1），重要客户需求（B3），客户导向（B3），系统支持（B4），服务理念宣导（B5），舒适的服务场所（B6），“卓越体验”的优质服务目标（B7） |
| BB2 | 审慎经营 | 风险控制意识（B8），审慎经营（B9），风险管理体系（B10），健全财务管理体系（B11），风险控制举措（B12），安全性良好（B13） |
| BB3 | 持续创造价值 | 客户导向（B3），持续创造价值（B14），审慎经营（B9），根据市场变化持续改进（B15），特色发展（B16） |
| BB4 | 企业文化建设 | 多元文化冲突（B17），企业文化建设（B18），企业文化手册（B19），管理者行为规范（B20），员工行为规范（B21），团队建设（B22） |
| BB5 | 品牌内化 | 品牌主张（B23），品牌内化（B24），品牌体系建设（B25），团队建设（B22），组织建设（B26），传递品牌价值（B27） |
| BB6 | 标准化业务管理 | 审慎经营（B9），标准化业务管理（B28），团队建设（B22），精细化管理（B29），流程优化（B30），提升专业技能（B31），规章制度体系（B32） |
| BB7 | 个性化金融服务 | 客户导向（B3），个性化金融服务（B33），提升专业技能（B31），创新文化（B34），持续学习（B35），根据市场变化持续改进（B15），细节创造价值（B36），积极的情感沟通（B37），特色发展（B16） |
| BB8 | 积极的情感沟通 | 共同成长（B38），积极的情感沟通（B37），内部和谐氛围（B39），传递品牌价值（B27），细节创造价值（B36），“卓越体验”的优质服务目标（B7） |
| BB9 | 共同成长 | 品牌主张（B23），共同成长（B38），审慎经营（B9），特色发展（B16），健全财务管理体系（B11），标准化业务管理（B28），个性化金融服务（B33），持续创造价值（B14） |

资料来源：本研究设计。

（三）B 银行精益服务的选择性译码

1. B 银行案例的故事线

故事主要讲述 B 银行在短短几年间从一家新银行和小银行逐渐发展壮大的过程。B 银行诞生于天津滨海新区开发开放的大背景之下，承担为环渤海地区发展提供金融支持和新区金融改革创新试点的重要使命。银行成立之初就引入国际知名银行作为战略投资者，并招募了大量优秀的银行业管理人才，带来了丰富且先进的经营理念。成立之后，面对日益激烈的市场竞争和资产规模小、成立时间短的不利局面，B 银行将提升服务水平和实现稳健经营作为银行发展的重要战略，通过引入流程银行体系严格控制风险，同时将为中小企业提供个性化的优质服务作为业务发展的重点，力求在风险可控的范围内为客户创造最大的价值。为了更好地践行这一理念，同时立足于银行成立时间短、人员结构复杂的局面，B 银行从 2010 年开始进行全行的企业文化与品牌建设工作，试图通过建立一套适合行情的完善的企业文化体系凝聚人心，通过树立贯彻顾客导向的品牌主张指导银行在制度、职责等方面的一系列改进。在完善内部管理和制度建设的同时，B 银行通过不断标准化的业务管理提高经营效率，降低经营风险；通过不断推出针对特定产业、特地地区和特定客户的个性化服务满足客户的金融需求。除了金融产品上的不断升级和创新，B 银行还注重通过与客户间积极的情感沟通建立长期的人际交往关系，将情感价值注入客户的服务价值中去，通过持续创造价值实现与客户共同成长的目标。

2. B 银行案例的核心范畴及其性质、面向

在主轴译码得到的 9 个主范畴中，“持续创造价值”最能表现 B 银行的服务特点，与其他范畴之间也最容易产生联系，从而形成故事线，因此本研究选择“持续创造价值”作为核心范畴统领全局。

顾客价值是顾客在感知利得与感知利失之间的权衡（Ravald

& Gronroos, 1996; Parasuraman, 1997, 2000; Grewal et al., 1998 ），其中感知利失是指顾客在购买时所付出的时间、资金、精力、使用风险等所有成本，感知利得则包括了通过购买所获得的产品使用、服务享受、技术支持等感知质量要素。通过感知利得的增加和感知利失的减少能够提升顾客价值（白长虹，2001）。基于上述分析，本研究将顾客价值的感知利得和感知利失作为核心范畴的两个主要性质。前者按程度深浅，由低到高可以分为接受服务和享受服务；后者按程度深浅，由低到高可分为支付必要成本和支付超额成本。

3. B 银行核心范畴的典范模型

在识别出 B 银行案例的核心范畴及其性质与面向之后，本研究继续运用典范模型将核心范畴与其他主范畴联系起来，识别因果条件、行动脉络、中介条件、互动策略及结果，如表 3.8 所示。

**表 3.8 B 银行精益服务核心范畴的典范模型**

<table>
<tr><td>因果条件</td><td colspan="2">现象</td></tr>
<tr><td>BB1 客户导向<br>BB2 审慎经营</td><td colspan="2">BB3 持续创造价值</td></tr>
<tr><td>因果条件的性质</td><td colspan="2">“持续创造价值”的特定面向</td></tr>
<tr><td>精致服务<br>流程银行</td><td>感知利得<br>感知利失</td><td>较高（享受服务）<br>较低（必要成本）</td></tr>
<tr><td colspan="3">“持续创造价值”行动的脉络</td></tr>
<tr><td colspan="3">B 银行持续创造价值是在下述条件下产生的：B 银行坚持以客户为中心，致力于为客户提供从网点设施环境到技能方式的、精细的、周到的和人性化的服务；同时引入流程银行制度严格控制经营风险，实现稳健经营，然后：</td></tr>
<tr><td>中介条件</td><td colspan="2">行动/互动策略</td></tr>
<tr><td>BB4 企业文化建设<br>BB5 品牌内化</td><td colspan="2">BB6 标准化业务管理<br>BB7 个性化金融服务<br>BB8 积极的情感沟通</td></tr>
<tr><td colspan="3">结果</td></tr>
<tr><td colspan="3">BB9 共同成长</td></tr>
</table>

资料来源：本研究设计。

## 三、Z 医疗美容诊所精益服务的扎根分析

本研究将搜集到的 Z 医疗美容诊所资料按照句子和段落进行分解，将表达一个完整意思的语句或段落作为一个独立标签，在此基础上依次进行开放性译码、主轴译码和选择性译码，识别核心范畴，寻找范畴之间的联系，建立典范模型。

（一）Z 医疗美容诊所精益服务的开放性译码

本研究将 Z 医疗美容诊所资料中完整表达同一个意思的语句作为一个标签，将在本质上具有相同或相似的标签归纳为概念，再将具有同质性或相似性的概念聚拢在一起提炼出 39 个范畴。得到范畴之后，本研究又将范畴与原始资料对比，在原始资料中寻找范畴所包含的内涵，确保开放性译码与原始资料的一致性和饱和性，即开放性译码提炼的范畴准确全面地再现了原始资料的全部内容，如表 3.9 所示。

**表 3.9　Z 医疗美容诊所精益服务的范畴及内涵**

| 编号 | 范畴名称 | 范畴内涵 |
| --- | --- | --- |
| Z1 | 对服务的重视 | 诊所创始人曾在其他美容机构供职，有数年的美容师服务经验，亲历和见证了几家美容机构的兴衰，认识到“服务”在美容行业的重要作用，并形成了自己独到的见解 |
| Z2 | 服务理念深化 | 诊所管理者对新的服务理念始终秉承开放的态度，乐于接受并尝试新事物和新方法，拒绝故步自封和路径依赖；对经过试行被证明有效的理念，会立即将该理念融入诊所管理经营的各方面，使服务理念能够有效指导诊所的日常经营实践 |
| Z3 | 积极实践 | 利用诊所规模小、灵活便利的特点，在进行成本收益评估之后，将新理念、新点子、新方法迅速投入实践，如在微信出现后立即将其作为顾客的信息反馈渠道 |

续表

| 编号 | 范畴名称 | 范畴内涵 |
| --- | --- | --- |
| Z4 | 倾听顾客声音 | 鼓励美容师在为顾客服务时倾听顾客意见；对顾客进行定期回访，建立顾客意见邮箱和信箱，及时处理顾客抱怨，并对顾客提出的建议进行评估反馈；对认为有价值的意见，诊所会立即投入试行，并根据试行效果判断是否规范化和制度化 |
| Z5 | 重视员工建议 | 鼓励员工建言献策，在每月最后一天安排全员服务例会，请员工畅谈本月的服务心得、遇到的服务问题、服务设想和服务建议，奖励提出可行性建议并试行后取得较好成果的员工 |
| Z6 | 持续学习 | 不断学习新理念、新方式和新方法；建立了多层次的学习培训制度，如每月一次的服务技能培训和基础专业技能培训、每季度一次的服务理念和专业理念培训、每半年一次的理疗知识和养生综合培训，确保诊所和员工掌握最新的行业知识动态 |
| Z7 | 诊所上下形成正确的服务观 | 从管理者到一线服务人员，从外聘专家到驻点美容师和理疗师，诊所上下形成了统一的服务观，即将每一位顾客作为自己的亲人，通过贴心的服务让每一位爱美的女人靓丽起来 |
| Z8 | 顾客感知价值持续改进 | 服务项目越来越丰富，技术水平不断提高，能够满足顾客追求美丽容颜和休闲保健的需求；服务越来越周到，能想到很多顾客都想不到的地方，总能感受到新的改进和惊喜 |
| Z9 | 硬件软件持续升级 | Z诊所紧跟国际医疗美容行业发展趋势，及时更新丰富美容服务种类，引进国际先进的机器设备；诊所分别在2009年、2010年和2012年分三次大规模更新医疗美容设备，保证设备在合理使用年限内适时更新换代；在软件方面，不断改善服务场所环境，提升服务场所舒适度，并以平均2周为一周期的速度推出新的细节化增值服务 |
| Z10 | 控制升级节奏 | Z诊所在确保服务走在地区潮流前列的同时有意控制升级节奏，保持每次升级后存在短期的时间间隔，且保持相似的升级幅度，既能让顾客时时感受到服务新意和惊喜，又能有效管理顾客预期，防止由于改善过快而带来的过高的顾客预期 |

续表

| 编号 | 范畴名称 | 范畴内涵 |
| --- | --- | --- |
| Z11 | 细节创造价值 | Z 诊所以有节奏地持续推出细节化的附加价值实现服务升级由量变到质变的过程，在细节之处体现对顾客的关心，如为客人免费提供点心、水果、粥汤，在洗手间放置多种材质和型号的卫生棉等 |
| Z12 | 顾客惊喜 | 大多数顾客会定期去 Z 诊所接受服务，长则三个月，短则两周，总会发现诊所在某些方面的改进和变化，大到设备更新，小到更换更加精美的茶具，总是能让顾客感受到惊喜 |
| Z13 | 雇员特征 | 医疗美容行业属于劳动密集型行业，客户关系的建立很大程度上依靠美容师或理疗师在服务中与顾客建立的人际关系；另外，诊所雇员普遍年轻，有部分外来务工人员，雇员流动性较大，且雇员的离职往往会造成顾客流失 |
| Z14 | 员工管理 | 逐步完善员工管理制度，不断完善员工的选拔、培养、薪酬、考核等制度；用严格的行为规范和考核制度约束员工行为，用和谐的工作氛围和柔性化管理方式凝聚人心 |
| Z15 | 严格规章制度 | 对服务人员的仪表仪态、服务用语、服务用时、服务质量等方面严格规范，制作成海报张贴在服务场所的每一个房间内，提醒员工时刻自省；将员工对规章制度的遵守情况纳入到量化考核中，并与员工薪酬挂钩 |
| Z16 | 柔性化管理 | 在不影响客户服务的前提下允许员工在遇到特殊情况或突发事件时采取灵活的方式，如调班调休，当与客人发生口角或纠纷时，诊所不会采用直接裁员的一刀切方式，而是会在为客人解决问题的同时保障员工的利益；员工遇到生活困难时，诊所也会尽量提供帮助 |
| Z17 | 内部氛围 | 诊所管理层与一线服务人员建立了良好的人际关系，管理层采用人性化的管理方式，在不影响服务效果的前提下尽可能满足一线人员提出的临时性要求，如调休、调班等；在重大节日，除了为员工发放红包，诊所还会举办联谊会或者安排集体旅游，增进人员间的情感交流；提倡员工之间畅所欲言，开诚布公，彼此信任，互帮互助 |

续表

| 编号 | 范畴名称 | 范畴内涵 |
| --- | --- | --- |
| Z18 | 薪酬制度 | 分类安排薪酬，在整形医疗方面，根据整形门类编制专家库，采用预约手术制度，根据实际承接的手术台数提供报酬；对驻点美容师和理疗师采用基本工资和奖金结合的方式，以诊所营业总额确定员工奖金金额，有效防止员工间互相排挤和争抢客人 |
| Z19 | 服务队伍专业稳定 | 在整形医疗方面，诊所高薪聘请了一批医疗技术好、经验丰富的资深专家；在医疗美容方面，自主培养了一批技术好、经验丰富且在顾客中口碑良好的稳定的美容师和理疗师队伍 |
| Z20 | 顾客分布的集中性 | Z 诊所顾客主要集中在附近城镇和社区，顾客之间以及顾客与诊所员工之间很容易产生服务之外的社交关系；顾客多为长期顾客，不仅为诊所贡献了稳定的利润，还通常是新产品和新服务的首批接受者 |
| Z21 | 顾客管理 | 将顾客视为上帝和亲人，一切以客户为中心；注重顾客教育，向顾客传播积极健康的生活理念，将顾客培养为诊所的忠诚拥护者和自愿传播者 |
| Z22 | 客人档案管理 | 为每一位客人建立独立的医疗美容档案，详细记载客人的基本情况、服务要求、每一次接受服务的时间、项目，以及客人接受服务前后的皮肤和身体状况 |
| Z23 | 隐私管理 | 对档案进行严格管理，设定较高的访问权限，除客人外只有管理者和客人的专属美容师或理疗师能够查阅客人档案；禁止美容师或理疗师泄露客人信息，禁止员工之间谈论客人隐私 |
| Z24 | 与顾客的情感交流 | 鼓励员工与顾客建立以情感为连接的人际关系，要求美容师对待顾客热情亲切，在充分尊重顾客的前提下采用更加幽默和多样化的沟通方式，为顾客营造轻松欢乐的家庭氛围 |
| Z25 | 持久的客户关系 | Z 诊所与客人建立了亲密长久的服务关系和人际关系，Z 诊所 90%以上的客人接受服务超过两年，并成为诊所新服务和新项目的主要接受人群 |

续表

| 编号 | 范畴名称 | 范畴内涵 |
|---|---|---|
| Z26 | 战略调整 | 十年间，Z 诊所逐渐从为普通大众提供基础美容护理服务调整为向周边城镇中具有较高消费能力的爱美女性提供中高档美容服务；2010 年 Z 美容院转型为医疗美容诊所后，该战略得到明确落实，并反映到从服务场所重新装潢、产品线调整到重新定价等各个方面 |
| Z27 | 完善服务产品线 | 推出包括精致五官整形、手术除皱、形体雕塑、注射微整形、激光皮肤管理、中医养生美容和精致纹绣在内的七大医疗美容项目 |
| Z28 | 行业需求特征 | 医疗美容行业具有显著的差异化需求特征，每一位顾客对服务的预期和要求都呈现出不同的特点，顾客之间不仅存在肤质、年龄、体质等生理方面的差异，还存在经济、时间、个人喜好等诸多方面的差异；在众多顾客中，几乎找不到两个在各方面需求都相同甚至相似的客人 |
| Z29 | 一对一定制服务 | 根据每一位顾客的皮肤和身体特点及具体需求定制服务项目和医疗美容综合解决方案，将各种标准化的服务项目重新排列组合，选择最适合顾客的项目和组合方式；在提供服务的方式，如时间、房间选择、美容师选择等方面也要根据顾客的需求做出调整和安排；在服务过程中还会随时根据顾客的皮肤和身体状况对药品和服务项目进行调整 |
| Z30 | 标准化操作流程 | 对咨询、预约、美容、理疗等服务环节进行分解，规定严格的操作流程和时间框架，对各项具体的美容医疗项目进行严格的标准化管理，达到严格控制质量和保证效率的目的 |
| Z31 | 专业资质认证 | 2010 年 Z 诊所获得了天津市医疗卫生机构颁发的美容医疗诊所营业执照，并通过了一切必需的专业资质认证 |
| Z32 | 服务流程设计 | 对咨询、预约、美容、理疗等服务环节进行分解，对各个服务项目进行拆分，将分解和拆分后的子项目作为独立单位设计标准化操作规程，根据子项目之间的关联性重新安排设备摆放和布置服务场所 |
| Z33 | 服务能力提升 | 通过标准化设计减少浪费，提高工作效率；在保证有效服务时间的前提下减少了每位客人的在店时间，日接待能力提升1/3 |

续表

| 编号 | 范畴名称 | 范畴内涵 |
| --- | --- | --- |
| Z34 | 影响顾客选择的关键因素 | 在产品和服务逐渐同质化的今天，顾客选择医疗美容机构的原因之一在于能否在服务中体验到被尊重和被照顾的感觉，以及能不能在接受服务时感到放松和愉快；她们不喜欢美容师面无表情的样子和无力的语气，她们希望能度过愉快的几个小时，而不是安静得要命的几个小时 |
| Z35 | 建立人际关系 | 为每位顾客配备专属美容师或理疗师，经过长时间的相处和接触，很多服务人员与顾客成了好朋友，她们互留联系方式，在平时互相问候，共同讨论养生美容等事宜 |
| Z36 | 调整服务价格 | 对服务价格的调整以服务项目的更新换代和为新项目定价为主，以“性价比”作为服务定价的考虑重点，在保证经营利润的同时通过服务软环境的升级提升顾客价值，同时保证同一个服务项目的价格稳定和在同行业内的竞争性 |
| Z37 | 标准且灵活的服务定价体系 | 综合考虑设备和人力成本、目标利润、竞争等要素对各服务项目进行系统化标准定价；对同一项目进行区别定价，如对水氧焕肤项目分别制定单次体验价、多次乐享价和超多次尊享价，供客人选择不同的套餐组合 |
| Z38 | 提升盈利能力 | 调整后的价格体系不仅弥补了硬件与软件升级带来的成本支出，还通过灵活的价格组合方式减少了价格调整对顾客的不良影响，为顾客适应新价格提供了缓冲空间，提升了盈利能力 |
| Z39 | 口碑传播 | 超过95%的新客人为老顾客介绍而来，口碑传播成为诊所营销推广的主要渠道 |

资料来源：本研究整理。

### （二）Z医疗美容诊所精益服务的主轴译码

在开放性译码中，本研究通过逐层分析提炼出 39 个范畴，对原始资料进行了一定程度的浓缩抽象。在主轴译码中，本研究将返回原始资料寻找范畴之间的关系，并借助典范模型的工具识别各范畴在案例中扮演的角色，分析具体现象的因果条件、脉络、行动/互动策略和结果，从而建立各范畴之间的逻辑联系，提炼若干主范畴，以便对范畴有更加全面和清楚的认识。经过对各范畴内涵和关系的分析梳理，本研究共提炼出 10 个主范畴，并分别构建了各主范畴的典范模型，明确了范畴与主范畴之间的对应关系，如表 3.10 所示。

**表 3.10 Z 医疗美容诊所精益服务的主范畴及与对应范畴的关系**

| 编号 | 主范畴 | 典范模型所对应的范畴 |
|---|---|---|
| ZZ1 | 服务理念深化 | 对服务的重视（Z1），服务理念深化（Z2），积极的实践（Z3），倾听顾客声音（Z4），重视员工建议（Z5），持续学习（Z6），诊所上下形成正确的服务观（Z7） |
| ZZ2 | 顾客感知价值持续改进 | 积极的实践（Z3），顾客感知价值持续改进（Z8），硬件与软件持续升级（Z9），控制升级节奏（Z10），细节创造价值（Z11），顾客惊喜（Z12） |
| ZZ3 | 员工管理 | 雇员特征（Z13），员工管理（Z14），严格规章制度（Z15），柔性化管理（Z16），内部氛围（Z17），薪酬制度（Z18），专业稳定的服务队伍（Z19） |
| ZZ4 | 顾客管理 | 顾客分布的集中性（Z20），顾客管理（Z21），倾听顾客声音（Z4），客人档案管理（Z22），隐私管理（Z23），与顾客的情感交流（Z24），持久的客户关系（Z25） |
| ZZ5 | 硬件与软件持续升级 | 服务理念深化（Z2），硬件与软件持续升级（Z9），战略调整（Z26），控制升级节奏（Z10），细节创造价值（Z11），完善服务产品线（Z27），顾客感知价值持续改进（Z8） |
| ZZ6 | 一对一定制服务 | 行业需求特征（Z28），一对一定制服务（Z29），专业稳定的服务队伍（Z19），标准化操作流程（Z30），倾听顾客声音（Z4），客人档案管理（Z22），隐私管理（Z23），持久的客户关系（Z25） |
| ZZ7 | 标准化操作流程 | 服务理念深化（Z2），标准化操作流程（Z30），专业资质认证（Z31），严格规章制度（Z15），服务流程设计（Z32），服务能力提升（Z33） |

续表

| 编号 | 主范畴 | 典范模型所对应的范畴 |
| --- | --- | --- |
| ZZ8 | 与顾客情感交流 | 影响顾客选择的关键因素（Z34），与顾客的情感交流（Z24），严格规章制度（Z15），隐私管理（Z23），倾听顾客声音（Z4），一对一定制服务（Z29），建立人际关系（Z35） |
| ZZ9 | 调整服务价格 | 硬件与软件持续升级（Z9），完善服务产品线（Z27），调整服务价格（Z36），控制升级节奏（Z10），标准且灵活的服务定价体系（Z37），提升盈利能力（Z38） |
| ZZ10 | 持久的客户关系 | 顾客感知价值持续改进（Z8），持久的客户关系（Z25），建立人际关系（Z35），顾客管理（Z21），与顾客的情感交流（Z24），口碑传播（Z39） |

资料来源：本研究设计。

### （三）Z 医疗美容诊所精益服务的选择性译码

#### 1. Z 诊所案例的故事线

Z 医疗美容诊所的故事线描述了一家私营医疗美容机构在 10 年间从一家只有几个人的小美容所逐步发展为一家具有区域影响力的综合性医疗美容诊所的过程。Z 诊所创始人兼所长曾经是一名普通的美容服务人员，经过数年服务经验的积累，对美容行业有了比较全面的了解和认识，并充分认识到“服务”对这一行业的重要性。2002 年，Z 诊所的前身——Z 美容院诞生，为附近社区的爱美女性提供基础美容护理服务。经过几年的经营，Z 诊所创始人逐渐捋顺内部管理，在不断学习新的美容护理知识的同时更加注重对服务知识的学习，不断深化服务理念，并立竿见影地应用到 Z 美容院的经营当中。通过美容师与顾客的交流更加直观和迅速地得到服务反馈，并及时做出调整。经过几年发展，Z 美容院逐渐发展壮大，不断进行硬件设备与软件服务的升级改造。2010 年，Z 美容院获得天津市医疗卫生部门批准，成为其所在区县的首家综合性医疗美容机构，并在基础美容之外推出了七大系列的医疗美容和整形美容服务。2011年，Z诊所再次进行硬件设备和服务的大规模升级,对服务场所进行了全面翻新和重新装修，并从国外引进大量先进仪器设备。同时加强对美容师人才队伍和专家人才队伍的专业化管理与建设，将医疗美容专业的季度培训和服务技能知识的月度培训作为诊所的制度确定下来，同时也将诊所从创立之初就一直延续至今的众多优良服务传统，如与客人建立良好的人际关系、关心客人、礼貌待客、诚实信用、为客人提供一对一的服务等以成文的形式规范下来，并以此为基础设计了对美容师和专家的量化考核指标。为了向顾客提供一对一的定制服务，诊所为每一位客人建立了个人档案，详细记载客人每次接受服务时的具体情况，并作为制定美容理疗方案的依据。为保护客人隐私，档案设定了较高的访问级别，只有管理者和客人的专属美容师能够翻看档案。诊所严格禁止员工借职务之便打探客人隐私，也禁止员工将顾客作为日常聊天的话题。除此之外，Z诊所还建立了客人意见箱，对客人提出的意见进行及时的反馈和处理。针对客人提出的管理和服务建议，Z诊所管理人员会进行仔细评估，对于那些执行起来比较方便的建议，诊所会立即试行。就是这种迅速的反馈处理速度让客人每一次去诊所都会有不同的感受和新的惊喜,能够切身地体验到诊所服务的不断优化与完善，顾客感知价值得到持续改进。

2. Z诊所案例的核心范畴及其性质、面向

故事线以浓缩的方式介绍了Z诊所的发展历程，在主轴译码得到的10个主范畴中，“顾客感知价值的持续改进”最能表现Z诊所的服务特点，与其他范畴之间也最容易产生联系，从而形成故事线，因此本研究选择“顾客感知价值的持续改进”作为核心范畴统领全局。

顾客感知价值是感知利得与感知利失的权衡，其中顾客在服

务中获得的生理上和心理上的满足是重要的感知利得因素。医疗美容行业有不同于其他服务行业的显著特征，这一行业服务的客户大多是具有生活品质追求的爱美人士，其中以爱美女性居多。中国自古便有“女为悦己者容”之说，女子追求美丽的容颜，更多的是为了获得心理上的满足。而在社会压力增大的今天，很多女性将美容医疗机构作为能够充分放松身心、得到休息和关怀的场所。她们不仅追求漂亮的容颜和身材，还希望在服务中获得关心、照顾以及对自己的肯定和重视。基于上述分析，本研究认为Z诊所精益服务的核心范畴有两个主要面向，分别为功能价值和情感价值。前者侧重于诊所的医疗美容技术和对顾客追求美丽容颜的满足程度，后者则突出顾客在诊所接受服务时以及容颜得到改善后所得到的情感上的满足。

3. Z诊所核心范畴的典范模型

在识别出Z诊所案例的核心范畴及其性质与面向之后，本研究继续运用典范模型将核心范畴与其他主范畴联系起来，识别因果条件、行动脉络、中介条件、互动策略及结果，如表3.11所示。

**表3.11　Z医疗美容诊所精益服务核心范畴的典范模型**

| 因果条件 | 现象 | |
|---|---|---|
| ZZ1 服务理念深化 | ZZ2 顾客感知价值的持续改进 | |
| 因果条件的性质 | “顾客感知价值的持续改进”的特定面向 | |
| 全面顾客需求导向 | 功能价值 | 较高 |
| | 情感价值 | 很高 |
| “顾客感知价值的持续改进”行动的脉络 | | |
| “顾客感知价值的持续改进”是在下述条件下产生的：作为一名资深美容师，Z诊所创始人深知服务在医疗美容行业的作用，不断学习并在诊所实践新的服务理念和知识，然后： | | |

续表

| 中介条件 | 行动/互动策略 |
| --- | --- |
| ZZ3 员工管理<br>ZZ4 顾客管理<br>ZZ5 硬件与软件持续升级 | ZZ6 一对一定制服务<br>ZZ7 标准化操作流程<br>ZZ8 与顾客情感交流<br>ZZ9 调整服务价格 |
| 结果 | |
| ZZ10 持久的客户关系 | |

资料来源：本研究设计。

## 第三节　跨案例比较与研究发现

### 一、多重案例范畴比较

多重案例比较有利于发现不同行业和不同案例在精益服务方面的异同，对检验精益服务概念和构建精益服务理论具有十分重要的意义。由于案例资料比较分散庞杂，且三家案例企业分属不同行业，很难直接进行对比。因此，本研究首先对三个案例在开放性译码阶段得到的 129 个范畴进行归类（R 酒店 51 个范畴，B 银行 39 个范畴，Z 诊所 39 个范畴），找到三个案例范畴中共同体现出的关键点。

经过对三家案例企业范畴的分类归纳，本研究得到 18 个关键点，并作为多重案例比较的开放性译码范畴，用编号 $K_1$~$K_{18}$ 表示，基本勾勒出案例企业服务的全貌。本研究对三家案例企业在各关键点上的表现进行比较（参见表 3.12），发现案例企业在大部分关键点上的表现呈现出不同水平。案例企业通过各关键点的不同策略组合，形成了适合不同行业的精益服务模式。

**表 3.12　多重案例关键点比较**

| 关键点及其性质 | | R 酒店 | B 银行 | Z 医疗美容诊所 |
|---|---|---|---|---|
| 顾客价值<br>K1 | 服务价值<br>情感价值 | 很高，行业领先<br>奢华感 | 较高，不断完善<br>专业感 | 较高，不断完善<br>家庭感 |
| 服务理念<br>K2 | 理念历史<br>理念导向 | 悠久，不断丰富<br>优质服务 | 较短，不断学习<br>服务解决方案 | 较短，不断学习<br>服务解决方案 |
| 顾客需求导向<br>K3 | 需求差异化<br>引导需求 | 中等<br>积极 | 偏高<br>较积极，不断完善 | 很高，因人而异<br>较积极，不断完善 |
| 服务理念深化<br>K4 | 理念先进性<br>理念实践化 | 先进，持续学习<br>快速转化 | 先进，持续学习<br>较快速 | 较先进，持续学习<br>快速转化 |
| 人才培养<br>K5 | 人才招聘<br>培养培训 | 高标准<br>引导式，体系化 | 较高标准<br>教育式，较系统 | 技能导向<br>教育式，较系统 |
| 持续改进<br>K6 | 硬件改进<br>软件改进 | 周期性<br>持续性，随时改进 | 周期性<br>持续性，随时改进 | 渐进性<br>持续性，随时改进 |
| 企业视角行为<br>K7 | 盈利能力<br>成本控制<br>价格水平 | 强，稳定<br>严格，注重节能<br>高，较稳定 | 较强，较稳定<br>严格，精细管理<br>适中，较稳定 | 较强，较稳定<br>严格，严控开支<br>适中，有节奏调整 |
| 领导力支持<br>K8 | 观念指引<br>行为指引 | 强，有远见<br>强，以身作则 | 较强，有主见<br>较强，亲力亲为 | 较强，预见性<br>较强，参与服务 |
| 组织文化建设<br>K9 | 文化体系<br>文化氛围 | 健全，完善<br>浓郁，深入人心 | 健全，完善<br>较浓郁，逐渐渗透 | 零散，未成体系<br>较浓郁，自发形成 |
| 员工支持<br>K10 | 价值认同<br>行为支持 | 高度认同<br>自发性支持为主 | 较认同<br>约束性支持为主 | 较认同<br>约束性支持为主 |

续表

| 关键点及其性质 | | R 酒店 | B 银行 | Z 医疗美容诊所 |
|---|---|---|---|---|
| 个性化服务<br>K11 | 服务产品<br>服务传递 | 高，辅助<br>高，主导 | 高，主导<br>较高，辅助 | 高，主导<br>高，辅助 |
| 标准化服务<br>K12 | 服务规范<br>服务标准<br>时间框架<br>服务流程 | 全面、灵活使用<br>顾客标准为主<br>严格<br>优化，灵活执行 | 较多，严格执行<br>符合规定为主<br>较严格<br>优化，较严格执行 | 较多，严格执行<br>二者兼顾<br>较严格<br>较优化，灵活执行 |
| 与客户情感沟通<br>K13 | 沟通程度<br>沟通方式 | 较深刻<br>员工服务表现 | 适中<br>正式商务沟通 | 深刻<br>员工服务表现 |
| 服务品牌建设<br>K14 | 品牌理念<br>品牌体系<br>品牌形象<br>品牌感知 | 清晰，稳定一致<br>单一<br>鲜明，有特点<br>强烈 | 清晰，较有新意<br>丰富<br>鲜明，有特点<br>较强烈 | 较清晰，不够新颖<br>单一<br>一般，有待完善<br>一般 |
| 员工管理<br>K15 | 管理风格<br>管理方式 | 情感投入，轻松<br>信任授权，尊重 | 严格监督，较紧张<br>权责分明，考核绩效 | 严慈并济，适中<br>绩效导向，兼具柔性 |
| 顾客体验<br>K16 | 体验程度<br>体验方式 | 独特，总有惊喜<br>情感体验为主 | 较好，偶有惊喜<br>功能体验为主 | 亲切，总有惊喜<br>二者兼而有之 |
| 客户关系<br>K17 | 关系基础<br>关系强度<br>关系维持 | 情感<br>较强<br>积极、主动 | 利益<br>较强<br>较积极、较主动 | 兼具情感与利益<br>较强<br>积极、主动 |
| 社会认同<br>K18 | 影响范围<br>认同方式 | 大，全球荣誉<br>丰富 | 较大，重点城市<br>丰富 | 较小，所在区域<br>单一，口碑传播 |

资料来源：本研究整理。

识别出各关键点之后，本研究运用典范模型的工具探索各关键点之间的关系，识别主关键点，寻找因果条件、行动脉络、中介条件、行动/互动策略及结果，并对比三家案例企业在关键点上的异同，如表 3.13 所示。借助典范模型，本研究认为“顾客价值”作为主关键点具有能够概括所有关键点的特征，而典范模型也揭示了精益服务所包含的要素及各要素之间的一般关系。

**表 3.13　主关键点的典范模型**

| 因果条件 | 现象 |
| --- | --- |
| K2 服务理念；K3 顾客需求导向 | K1 顾客价值 |
| 行动脉络 | 中介条件 |
| K4 服务理念深化；K5 人才培养；K6 持续改进 | K7 企业视角行为；K8 领导力支持<br>K9 组织文化建设；K10 员工支持 |
| 行动/互动策略 | 结果 |
| K11 个性化服务；K12 标准化服务<br>K13 与客户情感沟通；K14 服务品牌建设<br>K15 员工管理 | K16 顾客体验<br>K17 客户关系<br>K18 社会认同 |

资料来源：本研究设计。

研究案例在各关键点上的表现是深入展开跨案例比对、构建精益服务理论的基础。将各个关键点与选择性译码中各案例企业的故事线对比，发现各关键点在故事线中均有所体现，且正是各个关键点以不同程度的组合形式形成了案例企业的故事线，主关键点的典范模型得到原始资料验证。

## 二、跨案例选择性译码比较

在第二节对案例企业的选择性译码中，本研究还原了案例企业的故事线，并用典范模型识别出三家案例企业的核心范畴及其性质和面向。下面本研究将对三家企业的主范畴和核心范畴进行比较，寻找主范畴逻辑关系中的差异，更加深刻地认识其服务模式，如表 3.14 所示。

**表 3.14 多重案例核心范畴典范模型的比较**

| 案例企业 | 主范畴 | 主范畴焦点 | 核心范畴 | 核心范畴焦点 |
|---|---|---|---|---|
| R 酒店 | 定位高端、服务理念、独特体验、员工支持、标准化服务和时间框架、愉快的服务接触、个性化的服务、严格的成本和收益管理、服务品牌 | 定位、理念、体验、支持、标准化、时间框架、服务接触、个性化、成本与收益管理、品牌 | 独特体验 | 体验 |
| B 银行 | 客户导向、审慎经营、持续创造价值、企业文化建设、品牌内化、标准化业务管理、个性化金融服务、积极的情感沟通、共同成长 | 客户、经营、价值、文化、品牌、标准化、个性化、情感、成长 | 持续创造价值 | 价值 |
| Z 医疗美容诊所 | 服务理念深化、顾客感知价值的持续改进、员工管理、顾客管理、硬件与软件的持续升级、一对一定制服务、标准化操作流程、与顾客情感交流、调整服务价格、持久的客户关系 | 理念、价值、员工、顾客、升级、定制、标准化、情感、价格、关系 | 顾客感知价值的持续改进 | 价值 |

资料来源：本研究设计。

经过比较，本研究得出以下发现：

第一，三个案例的核心范畴焦点都体现在顾客价值上：R 酒店对顾客价值进行了新的诠释，不仅要展现有形设施和服务场所的奢华，还要为顾客提供难忘且震撼的独特体验，即为顾客提供堪称奢华的功能价值和情感价值；B 银行抓住客户最关注的核心价值点，通过向客户提供能够带来经济收益且安全性较高的金融产品和综合解决方案不断创造顾客价值，在优先满足顾客功能价值的基础上适当为客户创造情感价值；Z医疗美容诊所通过硬件与软件的持续升级实现了顾客感知价值的持续改进，在不断提升诊所服务接待能力和服务生产力的同时相应地提高了顾客价值。

第二，标准化作为实现顾客价值的方法之一同时反映在三个案例当中：R酒店虽然以个性化的奢华服务著称，但其在内部规范、业务操作、行为规章等方面都进行了细致严格的规定，对每一个细分的关键服务环节设定了严格的时间框架和操作规程，并通过全面质量管理保证服务质量；B银行借鉴流程银行的先进理念，建立了严格的业务操作流程和规范审批程序，同时规定了每一个业务环节的时间框架，以过程的严谨性和标准性保证银行的审慎经营和客户的财产安全，满足客户对金融服务的功能性需求；Z诊所对咨询、预约、美容、理疗等服务环节进行分解，分别制定了严格的服务规范、操作规程和时间框架，通过对各项具体的美容医疗项目进行严格的标准化管理达到控制质量和保证效率的目的。

第三，个性化与情感同时反映在三个案例企业中，并且承担着满足顾客功能价值和情感价值的重要作用：R酒店将顾客对服务的评价作为评价一切服务活动的基本指标，充分授权员工为顾客创造独特的体验和难忘的经历。酒店虽然建立了通用的员工管理规则，告诉员工工作要有规有矩，但也鼓励员工不要教条化的遵守规则，要充分发挥创造力，在服务过程中释放思维束缚，创造性地思考问题。酒店还要求员工将顾客视为家人，从关怀者的角度去感受顾客的需求与心情，通过与顾客一对一的交流，根据顾客的独特偏好定制他们所期望的完美服务。企业客户和中高端个人客户是B银行的主要客户群体，面对客户差异化的金融需求，银行不断完善金融服务产品，从销售标准化金融产品逐渐过渡到为客户量身定做综合性金融解决方案。在与客户的沟通交流中，B 银行以主动坦诚的态度和诚实信用的原则赢得了客户的信任。对 Z 医疗美容诊所来说，所有的顾客需求都是独一无二的，每一个服务项目都需要根据顾客的生理和心理情况量身定制。诊所为客人提供的医疗美容方案不仅会因人而异，甚至对同一个客人，也要根据客人最近的皮肤和身体状况进行及时调整。医疗美容不仅要赋予客人美丽的容颜，更要让客人在服务中获得很高的情感满足，如感受到自己的美丽和独一无二，体会到被尊重和被照顾的感觉等。从某种程度上来说，赋予顾客情感价值已经超越功能价值成为 Z 医疗美容诊所维持顾客关系的法宝。

第四,企业视角的经营行为是企业创造顾客价值的利益动力。任何企业都不能脱离其经济体的本质，企业追求顾客价值的目的也是为了获得更多和更稳定的经营利润。三个案例企业的核心范畴中都提及了企业视角的经营行为：R 酒店进行了严格的成本与收益控制，通过先进技术的应用节约能源，提高资源重复利用率，降低经营成本。酒店制定了较高的服务价格，并且通过建立 RevPAR（每间客房收益）指标确保酒店对每间客房收益指标的关注，使酒店的客房收益大大超出了豪华酒店的平均水平。B 银行将审慎经营作为银行发展的基本战略，坚持合规经营，严格风险管理，制定了高于监管要求的风险警戒指标。虽然 B 银行会因为较高的风险指标要求而牺牲掉一些潜在客户，但保证银行的安全性是实现银行可持续发展的重要保障。Z 医疗美容诊所以服务项目的更新换代来循序渐进地调整服务价格，一方面借助价格工具筛选客户，以便将诊所有限的服务能力投入到能够为诊所带来较高收益的重要顾客身上，另一反面也通过价格提升弥补硬件与软件持续升级带来的成本和财务压力。

第五，组织文化、品牌建设和员工支持是实现顾客价值的重要保障。在案例企业的核心范畴中，组织文化、品牌建设和员工支持都被不同程度的提及：R 酒店凭借规范化和体系化的组织文化营造了内部的和谐氛围，实现了员工对组织服务理念的价值认同，从而潜移默化地影响员工行为，激发员工的主人翁意识、工作激情和创造力，从而为酒店成为最负盛名的豪华酒店品牌提供坚实的基础和支持。B 银行将品牌主张作为出发点指导内部流程优化和金融产品设计等一系列环节，通过灵活的组织结构设计、后台为前台服务、一切为顾客服务的系统支持和认同品牌价值的员工支持，将业务运营与品牌主张结合在一起，确保品牌价值的正确传递。Z 医疗美容诊所并没有成文的组织文化和品牌主张，却在数年的经营中逐渐形成一种员工和顾客公认的潜在文化，从管理者到一线服务人员，从外聘专家到驻店美容师和理疗师，诊所上下形成了统一的服务观，即将每一位顾客作为自己的亲人，通过贴心的服务让每一位爱美的女人靓丽起来，而诊所的每一位员工也都在用自己的行动成为这一理念的最佳传播者和倡导者。

通过上述分析，本研究寻找到三个案例企业践行精益服务的共同之处，即都以创造顾客价值为目标，结合企业视角的经营行为，通过组织文化、品牌建设和员工支持实现服务的标准化与个性化供给，同时通过赋予情感价值提升顾客感知价值。在此基础上，本研究尝试构建了精益服务的理论模型，如图 3.1 所示。

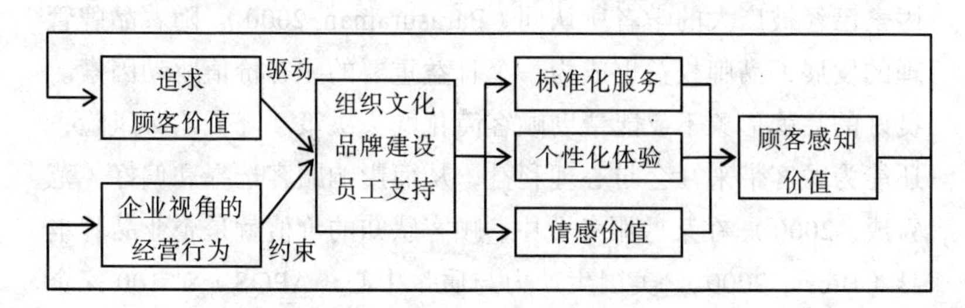


**图 3.1　精益服务的理论模型**

资料来源：本研究设计。

## 三、文献比较

文献比较是扎根理论研究的重要环节，旨在为研究发现寻找理论依据，定位研究价值与贡献，进一步完善本研究提出的精益服务理论模型。

（一）顾客价值理论

顾客价值是作为企业竞争优势的重要来源而诞生的（Woodruff, 1997），优秀的顾客价值不仅能在顾客心中造就与众不同的驱动力，更是造就忠诚顾客、终身顾客的驱动力（白长虹，2001）。

顾客价值实际上就是顾客感知价值，是感知利得与感知利失之间的权衡（Ravald & Gronroos 1996; Parasuraman, 1997, 2000; Grewal et al., 1998）。感知利失是指顾客在购买时所付出的时间、资金、精力、使用风险等所有成本，感知利得则包括了通过购买所获得的产品使用、服务享受、技术支持等感知质量要素。感知利得的增加和感知利失的减少能够提升顾客价值，同样，当感知利得与感知利失同时增加时，只要保证感知利得增加的幅度高于感知利失，顾客的感知价值一样得到提升。

顾客价值有多种驱动因素，其中产品质量、服务质量和价格因素已经被广大的学者所认同（Parasuraman, 2000）。随着品牌管理的发展，品牌权益也成为一个日益重要的顾客价值驱动因素。良好的品牌形象不仅能帮助顾客简化购买决策、降低购买风险，还能为顾客带来社会与心理利益，从而影响顾客选择和偏好（范秀成，2000）。在某些服务业中，顾客感知的价值就是企业品牌本身（Berry, 2000）。美国生产力与质量中心（APQS）对100家企业的研究发现，系统的组织学习能力也是创造与获取顾客价值的重要来源（白长虹，2001）。此外，关系营销的理论范式提出将关系作为顾客价值的另一个重要来源，指出在核心产品和服务之外，良好而持续的顾客关系也能创造顾客价值（Gronroos, 1997）。

顾客价值并不是一个笼统的和静态的概念，众多学者的研究表明顾客在产品或服务的购买过程、使用过程和使用之后对价值的感知会截然不同，服务具有清晰的层次性和动态性（Gardial et al., 1994）。在与企业接触的不同阶段，顾客价值的层次和影响因素可能会发生变化（Zeithaml, 1987; Slater & Narver, 1994; Vantrappen, 1992）。

上述理论论证了图 3.2 中追求顾客价值、组织文化、品牌建设、员工支持和顾客感知价值这五个因素及其逻辑关系的合理性：由于顾客价值是企业竞争优势的重要来源，是造就忠诚顾客、终身顾客的驱动力，企业便有追求顾客价值的内在动机。由于品牌权益、组织学习能力和关系被视为顾客价值的驱动因素，因此企业有理由将品牌建设、组织文化建设和员工支持作为实现顾客价值的重要途径。当企业以追求顾客价值为目的进行一系列策略部署之后，顾客便获得了实际的感知价值，此时顾客价值的动态性和层次性又促使企业开始追求新一轮的顾客价值。

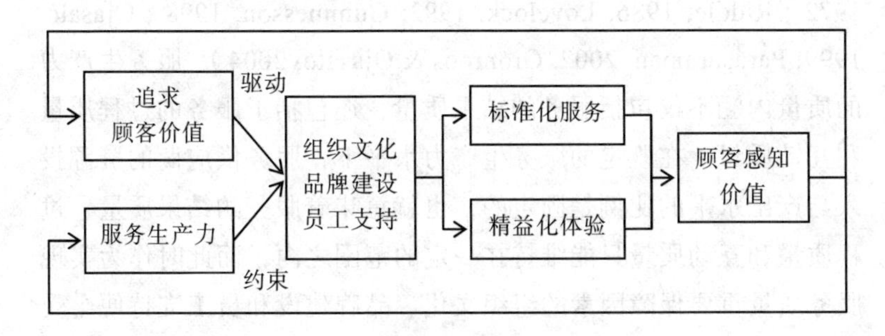


**图 3.2　精益服务的理论修正模型**

资料来源：本研究设计。

（二）服务生产力理论

服务生产力关注的是服务企业投入与产出的关系问题，是在一定的供应商投入基础上，通过对服务生产过程的管理影响产出数量，从而达到影响服务生产力的目的（Ojasalo, 1999）。格罗鲁斯和奥亚萨洛（Gronroos & Ojasalo，2004）列示了服务生产力具有的三重含义，即如何有效地将投入转化为产出的内在效率、感知服务的过程质量和结果质量的外在效率以及有效发挥最大服务产能的产能效率。服务生产力理论是以企业为基础的理论，其内涵和外延包括了企业视角的经营行为，案例中所提到的成本与收益管理、风险控制、价格调整等都可以被视为管理服务生产过程的行为，是服务生产力在企业经营活动中的具体表现，都可以追溯到服务生产力这一根源上来。基于此，本研究将图 3.2 中的"企业视角的经营行为"用服务生产力进行替换，一方面能够在概念模型中反映最本质的理论基础，另一方面通过丰富"企业视角的经营行为"的内涵和外延增强模型的解释力和普适性。

许多研究论证了服务生产力与服务质量的密切关系（Mott, 1972；Riddle, 1986; Lovelock, 1992; Gummesson, 1998；Ojasalo, 1999; Parasuraman, 2002; Gronroos & Ojasalo, 2004），服务生产力的质量内涵不仅包括服务的结果质量，还包括了服务的过程质量和互动质量。在既定的服务生产力水平下，服务供应商的资源投入与产出水平的比例是固定的，也就意味着服务的结果质量、过程质量和互动质量只能维持在一定的范围之内，而此时作为实现服务质量重要保障因素的组织文化、品牌建设和员工支持便会受到限制，进而影响顾客的感知价值。简言之，服务生产力代表了服务企业的盈利水平，决定了服务企业有多少资金和精力进行组织文化和品牌建设，培养和激励员工。当服务生产力水平较高的时候，企业便有能力增加这些投入，从而提高顾客价值；而当服务生产力水平较低的时候，企业在各方面的投入都会相应减少，从而降低顾客价值。

基于上述分析，图 3.2 中企业视角的经营行为、组织文化、品牌建设、员工支持和顾客感知价值这五个因素及其正向逻辑关系的合理性得到理论验证。

既然服务生产力能够影响顾客的感知价值，那么顾客感知价值对企业经营利润的促进作用又会通过增加服务产出来提高企业的服务生产力，图 3.2 中顾客感知价值与企业视角的经营行为之间的逆向关系便得到证明。

（三）标准化服务

标准化服务是从顾客视角出发，对服务的环境、产品和流程等方面提出的基本要求，是顾客对企业形象、有形展示、服务功能以及精神享受等方面提出的基本要求（潘军，2009）。标准化服务侧重服务的技术质量，主要体现在满足顾客的现实需求方面，具有高效、可靠的特点，能很好地控制成本和效率，并且避免由定制化所带来的不确定性（Jones et al.，1994）。鲍恩和劳勒（Bowen & Lawler，1992）将生产线方法作为实现优质服务的路径之一，通过标准化和程序化的操作简化任务、明晰分工，并通过设备的使用代替人力，提高服务效率。

标准化服务能够显著地节约成本，提高效率，并能有效保证服务的一致性，从而使顾客在服务中获得高质量的功能价值。基于此，图 3.2 中标准化服务与顾客感知价值的关系得到理论支持。另外，标准化服务作为一项具体战术，会受到组织文化、品牌建设和员工支持的影响，这也是为什么在三个案例核心范畴的典范模型中，标准化服务都是作为行动/互动策略出现的。

（四）个性化体验与情感价值

李中（2010）在其博士论文中对精益服务进行了界定，识别出精益服务具有的个性化体验和情感价值两个特征，并将精益服务界定为“以情感价值为核心，以个性化体验为主要形式的服务”，将个性化体验与情感价值统一到一个理论框架下，统称为“精益服务”。

本研究对这一定义采用了修正性继承的态度：首先，本研究认同将个性化体验与情感价值纳入到同一个具有更广泛意义的理论之中，因为个性化体验与情感价值之间本身就密不可分。个性化体验是企业根据特定顾客的偏好采用的具有针对性的沟通方式的过程(Roberts, 2003),是企业满足顾客价值的一种形式(Vesanen, 2007),情感正是顾客偏好的一种表现,而情感价值也是顾客价值的重要组成部分，两者之间存在天然的联系。其次，将精益服务认为是个性化体验与情感价值的组合并不适合。精益服务是一种新的服务模式，是好服务的理论概念，而个性化体验与情感价值只是好服务所表现出来的一些具体特征,且随着研究的不断深入,还会表现出更多的特征，可见二者并不是同一个层次的概念。综合考虑上述意见，本研究采用“精益化体验”的概念将个性化体验与情感价值统一起来，一方面突出了个性化体验与情感价值在精益服务中的作用，同时也为以后可能发现的精益服务的新特征预留位置；另一方面也将精益化体验和标准化服务置于同一个概念层次当中，与现有理论与案例资料更加吻合。

综合上述分析，本研究构建的精益服务理论模型（图 4.1）基本得到了现有理论的支持。为了能提高模型的解释力和普适性,本研究综合文献比较和案例资料,对模型进行了局部修正和完善,将“企业视角的经营行为”改为理论内涵与外延更广泛且更能反映企业经营行为本质的“服务生产力”,将个性化体验与情感价值合并为“精益化体验”，如图 3.2 所示。

在第三章中，本研究通过理论推演对精益服务进行了界定，将精益服务定义为“在服务生产力的制约下，通过标准化服务与精益化体验的理想配比，最大程度地实现顾客价值的服务”。在本章中，本研究通过对三家案例企业的扎根理论研究构建了精益服务的理论模型。在该模型中，顾客价值、服务生产力、标准化服务与精益化体验这四个元素不仅都得到了体现，而且各元素之间的逻辑关系也得到了验证。除此之外，本研究还识别出组织文化、品牌建设和员工支持三个重要保障因素，并将其纳入到精益服务的概念中，将精益服务定义为“在服务生产力的制约下，依托组织文化、品牌建设和员工支持，通过标准化服务与精益化体验的理想配比，最大程度地实现顾客价值的服务”。

# 第四章 顾客感知的精益服务关键维度识别

在本章中，本研究选取了来自酒店、金融、餐饮、摄影与医疗美容5个服务行业的8家代表性企业的200多名顾客作为被试，通过焦点小组访谈、现场观察记录、公司内部资料以及随机抽取的部分顾客在网络平台上发布的消费点评等多种来源搜集数据，采用内容分析的方法归纳提炼顾客感知到的精益服务所具有的特征，识别顾客感知的精益服务关键维度。

## 第一节 精益服务顾客评价的内容分析

在借鉴服务质量、消费情感、服务体验等众多研究的基础上，结合类目数量的控制、类目间互斥性及现象解释完备性的需要，本研究初步确定了五项分析类目，并邀请三名富有经验且长期从事精益服务研究的教师和博士生对分析单元进行编码，采用内部一致性系数CA对编码结果进行信度检验。在效度检验上，本研究通过对跨行业案例企业在不同地区多家分店顾客的随机抽样较好地避免了因行业和地域因素可能造成的影响，并通过严格的过程控制、聘请外部教授和专家等方式保证了内容分析的过程质量。最后，本研究还对内容分析的结果进行了多重证据来源的三角验证和证据链检验，确保了内容分析具有合理的表面效度和内容效度。

## 一、案例企业的基本情况

殷（Yin，2004）认为选择的案例应当具有代表性和典型性，尤其是在由分析现象入手的探索性研究中，案例的选择尤其重要。精益服务是让顾客广泛认可的好服务，为了能更准确展现顾客对精益服务的评价，本研究分别选取了来自酒店、金融、餐饮、摄影和医疗美容 5 个行业的顾客评价较高的 8 家代表性服务企业。案例企业基本情况如表 4.1 所示。

**表 4.1　案例企业的基本情况**

| 行业 | 案例企业 | 城市 | 基本情况 |
| --- | --- | --- | --- |
| 酒店 | A 酒店 | 北京 | 隶属于某国际豪华酒店管理集团，坐落于北京金融街中心地段，毗邻中央商务区，凭借其豪华的服务设施和卓越的服务成功举办了多次大型活动，经常接待名人政要；获得美国《私家地理》杂志评选的“2012 世界百佳酒店”荣誉称号，在《康德纳斯旅行者》“旅游金榜”中，连续四年荣膺“世界顶级酒店”称号；旗下意味轩餐厅在 2008 年和 2009 年连续被美国权威业内杂志《葡萄酒鉴赏》评为北京“杰出葡萄酒餐厅” |
|  | B 酒店 | 上海 | 我国首批白金五星级酒店之一，坐落在南京路中央商务区，是一家集零售、餐饮和娱乐于一体的综合性酒店，隶属于世界著名的万豪酒店集团，酒店设施设备先进，服务水平高，曾举办过多次重大活动并接待了各界名人政要，被评为 Travel +Leisure 杂志 2003 年度和 2004 年度“世界 500 强酒店”；荣膺由《远东经济评论》及《亚洲华尔街日报》联合颁发的“亚洲最佳雇主”奖；两次获得“亚洲最佳商务酒店”的殊荣并四次蝉联“中国最佳商务酒店”的桂冠 |

续表

| 行业 | 案例企业 | 城市 | 基本情况 |
| --- | --- | --- | --- |
| | C 酒店 | 广州 | 某国际知名奢华酒店管理公司与广州富力地产合作开发的酒店项目，2008 年在广州珠江新城开业，是广州首家国际级奢华酒店；2010 年荣获第五届中国酒店星光奖“中国最佳顶级奢华酒店”大奖；旗下意味轩餐厅获得由中国意大利商会颁发的“意大利卓越款待奖”以及由美国权威杂志《葡萄酒鉴赏》评出的 2010 年“杰出葡萄酒餐厅”大奖 |
| | D 酒店 | 三亚 | 位于亚龙湾自然保护区，是集豪华客房、套房和私家别墅于一体的五星级豪华度假村，隶属某国际著名酒店管理集团；酒店自 2008 年开业以来屡获殊荣，先后获得国内外各种奖项 40 余项，并在 2009 年和 2010 年连续两次在携程旅行网和《HOTELS》杂志中文版共同主办的“我最喜爱的酒店”评选中获得“我最喜爱的酒店”称号 |
| 银行 | E 银行 | 深圳 | 成立于 1987 年，是我国第一家完全由企业法人持股的股份制商业银行，在英国《银行家》杂志“世界 1000 家大银行”的最新排名中居前 150 位；成立 25 年来，秉承“因您而变”的经营理念，在国内业界率先通过各种方式改善客户服务，致力于为客户提供高效、便利、体贴、温馨的服务，在革新金融产品与服务方面创造了数十个第一；蝉联《欧洲货币》杂志颁发的“中国区最佳私人银行”大奖和《财资》杂志“中国最佳私人银行”大奖 |
| 餐饮 | F 餐厅 | 四川 | 成立于 1994 年，是一家以经营川味火锅为主，融汇各地火锅特色的大型跨省直营餐饮民营企业，至今已在北京、上海、天津、杭州等全国 15 个城市拥有 60 余家直营店；公司秉承“服务至上、顾客至上”的理念，提倡为顾客提供“贴心、温心、舒心”的个性化服务，其创新的特色服务赢得了“五星级”火锅店的美名；2008～2010 年连续 3 年荣获大众点评网“最受欢迎 10 佳火锅店”，连续 3 年获“中国餐饮百强企业”荣誉称号；2011 年经国家工商总局商标局认定为“驰名商标” |

续表

| 行业 | 案例企业 | 城市 | 基本情况 |
| --- | --- | --- | --- |
| 摄影 | G婚纱摄影公司 | 西安 | 创建于1995年，是中新合资公司，也是西安首家外资专业婚纱影楼，如今已在北京、郑州、洛阳、西宁等城市建立十余家直营店；先后荣获“中国十大杰出影楼”“中国商业信用企业”等称号，并凭借其豪华的摄影基地、专业的技术、卓越的服务成为西安服务新人最多、口碑最佳的婚纱影楼 |
| 医疗美容 | H医疗美容诊所 | 天津 | 创立于2002年，是天津卫生部门核准的正规专科医学美容机构；诊所现有优秀的专业医疗美容专家10余人，专业美容师和理疗师20余人；多年来，H诊所凭借美容技术的不断升级和越来越个性化的服务征服了新老顾客，基本垄断了天津市部分区县的医疗美容市场，始终走在天津地区医疗美容行业的前端 |

资料来源：本研究整理。

## 二、数据搜集与编码

（一）数据搜集与抽样

本研究广泛搜集了多种来源的数据，保证数据的完整性、全面性和真实性。本研究数据资料主要来源有：

1. 大众点评网、携程旅行网等网上交易和点评类网站的顾客点评；

2. 研究者对8家企业的现场观察记录和顾客访谈；

3. 有关8家服务企业的相关新闻与报道；

4. 8家企业提供的公司资料；

5. 涉及8家服务企业的专著、著作或研究文献。

本研究以8家服务企业的每一份现场观察记录、顾客访谈记录和用户评价为分析单位。研究中将数据资料整理成文稿后，在右侧三分之一处预留整理栏，便于分析和重点提示。对所有资料编号采用“企业编号——评价编号”的格式进行编号。得到初步分析结果之后，本研究将分析结果与搜集到的新闻、报道、文献、专著、公司资料等其他证据来源进行对比，进行三角验证和证据链验证。

本研究主要数据来源及编号如表 4.2 所示。

**表 4.2 案例企业顾客评价内容分析数据表**

| 数据资料名称 | 编码 |
| --- | --- |
| A 酒店顾客点评和访谈 | A |
| B 酒店顾客点评和访谈 | B |
| C 酒店顾客点评和访谈 | C |
| D 酒店顾客点评和访谈 | D |
| E 银行顾客点评和访谈 | E |
| F 餐厅顾客点评和访谈 | F |
| G 婚纱摄影公司顾客点评和访谈 | G |
| H 医疗美容诊所顾客点评与访谈 | H |

资料来源：本研究整理。

（二）确定分析类目

通过对案例企业顾客评价和访谈资料的综合研究，结合现场调研信息，本研究借鉴了帕拉斯阿南等（Parasuraman et al.，1985, 1988；Armistead，1989；Sasser et al.，1987；Gronroos，1990；Gremler & Gwinner，2000）以及伍小秦（1997）、汪纯孝（1999）等的相关研究和方法，充分考虑到类目数量的控制、类目间的互斥性以及现象解释的完备性，初步建立了顾客感知的精益服务关键要素分析类目表，以便对数据资料进行分析，形成研究假设，如表 4.3 所示。

表 4.3　顾客感知的精益服务关键要素类目表

| 关键要素 | 操作化定义 | 具体表现 |
| --- | --- | --- |
| 隐私性 | 强调对顾客隐私的尊重程度，如能否保证服务场所的私密性、服务人员能否充分尊重顾客隐私、对顾客信息能否严格保密等 | ● 服务空间是否具有私密性<br>● 服务企业能否保障顾客的信息和财产安全<br>● 服务企业是否尊重客户隐私<br>● …… |
| 响应性 | 反映服务人员的服务积极性和主动性，如能否积极回应顾客需求，能否主动为顾客解决问题 | ● 迅速回应顾客要求和疑问<br>● 及时进行服务补救<br>● 主动并快速解决顾客的困难和问题<br>● …… |
| 移情性 | 反映顾客与服务人员在接触中的礼貌、尊重、理解、关心、友好、主动等态度和由此产生的愉悦的情绪反应，体现为愉快的交流、尊重并满足顾客的个性化需求 | ● 与服务人员的交流是否融洽愉快<br>● 服务人员是否主动关心顾客需求并能提出合理的建议<br>● 服务人员能否为顾客提供个性化的服务<br>● 服务人员能否对顾客表现出特别的关心<br>● …… |
| 舒适性 | 对顾客视、嗅、听、触等感官产生影响的有形展示和环境氛围，强调所有元素在功能、氛围和美观上的和谐统一 | ● 服务场所的审美层次与舒适程度<br>● 设施设备的实用性<br>● 设施设备的吸引力<br>● …… |
| 心理质量 | 反映顾客在服务中获得的社交、尊重和自我实现等高层次心理需求方面的满足和自我认同，如接受该企业服务是某种身份和地位的象征 | ● 服务企业的层次感<br>● 服务企业的顾客群体特征<br>● 服务企业的知名度<br>● 服务企业对顾客身份与地位的代表性<br>● …… |

资料来源：本研究整理。

（三）数据编码

编码是将分析单元根据分析类目进行分配的过程，依照分析类目设计编码表。本研究由两名博士生和一名硕士生担任编码员，进行编码工作。两名博士生来自精益服务研究团队，一直从事精益服务的相关研究。1 名硕士生来自服务管理专业，并有参与酒店和银行服务项目的经验，具备良好的理论和实践素养。在进行编码工作之前，首先对编码员就研究目的、研究主题和相关概念等进行了培训，同时向他们介绍了内容分析法的基本概念和步骤，以及编码应当注意的事项。研究者还与编码员就各项类目的操作化定义进行了沟通和调整，确定各位编码员对编码工作了解之后，才正式开始编码工作。

## 三、内容分析的质量检验

（一）内容分析的信度检验

在对分析单元进行编码之后，就需要对内容分析的信度进行检验。信度检验有利于保证研究结论能够不受测量事件、工具、人员等的影响（Kaplan & Goldsen，1949）。内容分析的信度表现为不同编码者对分析单元编码结果的一致程度，是对研究方法稳定性、类目划分的准确性以及资料编码一致性的检验。编码者编码的一致性越高，内容分析的信度就越高，分析就越精确客观，研究结论就越能反映客观现实。在信度的测量上，学者通常用编码者把同一分析单元归于同一类目的一致性程度估计内容分析的信度（Berelson, 1952; Holsti, 1969; Kassarjian, 1977），佩罗等学者（Perreault & Leigh，1989；Kolbe & Burnett，1991）也用编码者对文本资料识别和评分的一致性反映内容分析的信度。在信度的具体测量上，霍尔斯蒂（Holsti，1969）也曾提出过内容分析法相互同意度及信度计算公式。我国学者袁登华（2004），仲理峰、时勘（2004）提出了一种较为简便的信度测量方法，即采用数学的集合原理，通过交集编码个数与并集编码个数的比值估计内容分析的信度，并将此比值称为分类一致性系数（CA）。本研究采用这种方法，分别计算三位编码者在同一分析类目上的编码个数，通过各个类目的对比，计算各类目上的编码交集与编码并集。本研究用 T1、T2、T3 分别表示三位编码者在同一类目上的编码个数，编码交集为 T1∩T2∩T3，编码并集为 T1∪T2∪T3，内容分析的分类一致性系数 CA 为：

CA=（T1∩T2∩T3）/（T1∪T2∪T3）　　　　公式 4.1

根据因塞尔等（Inseh et al.，1997；Bos & Tarnai，1999）的研究，当 CA 大于 0.8 时，认为编码结果基本具有一致性；当 CA 大于 0.9 时，编码结果具有较好的一致性，内容分析具有较好的信度。根据公式 4.1，本研究分别计算了各个类目的 CA 系数值，结果如表 4.4 所示。

**表 4.4　顾客感知的精益服务各关键要素的 CA 值**

| 分析类目 | T1∩T2∩T3 | T1∪T2∪T3 | 分类一致性系数 CA |
|---|---|---|---|
| 隐私性 | 127 | 138 | 0.92 |
| 响应性 | 136 | 151 | 0.90 |
| 移情性 | 144 | 155 | 0.93 |
| 舒适性 | 216 | 232 | 0.93 |
| 心理质量 | 119 | 132 | 0.90 |

资料来源：本研究整理。

从分析结果中可以看出，各个分析类目的 CA 系数值均大于 0.90，证明内容分析的结果具有较好的信度水平。

（二）内容分析的效度检验

效度表示结论与事实的相符程度及研究结果的适用性。常用的效度分析方法有表面效度和内容效度。本研究主要从三方面入手保证内容分析的效度：第一，在内容分析资料上，本研究选取了5个服务行业8家案例企业的顾客评价资料,有效降低了地域、行业等因素对研究结果的影响，保证了内容分析的全面性和客观性。第二，在内容分析的过程中，本研究选取的三位编码者都是服务营销专业的博士生和硕士生，且一直参与精益服务的研究，对本研究理解较为深入。同时，本研究还聘请研究团队以外的教授、业界人士和博士生对分析类目的构建和编码过程进行了评审和改进。第三，除了用作内容分析的顾客评价资料外，本研究还在多重证据来源的基础上对分析类目进行了三角验证，构建了较为完整的证据链，以保证内容分析具有合理的表面效度和内容效度。在下一节中，本研究将对证据链分析进行详细表述。

## 第二节　精益服务顾客评价的内容讨论

在本节中，本研究将对上一节中的内容分析结果进行描述性统计，并在多重证据来源的基础上构建证据链，对分析类目进行三角验证，确保内容分析的效度。

### 一、编码结果的描述性统计与分析

本研究通过对编码结果的描述性统计分析，选取三名编码人员对每个维度的编码交集个数，列出了案例企业精益服务顾客感知的5个关键维度在分析资料中出现的频次和频率。内容分析资料共有 259 个分析单元，每个关键维度的描述统计情况如表 4.5 所示。

**表 4.5　内容编码归类统计表**

| 维度 | 顾客评价的描述举例 | 频次 | 频率 |
|---|---|---|---|
| 隐私性 | • 服务人员很注重客人的隐私，没有客人的示意，不会轻易打扰（A 酒店）<br>• 虽然地处繁华地区，但是能闹中取静，让人感到安全、隐秘和安心，他们对客人的信息严格保密，一位朋友来酒店探望我，向前台询问我的房号，前台并未直接告知他，而是向我确认信息后才引领我的朋友来到我的房间（B 酒店）<br>• 安保措施到位，楼层无卡不能进入，房间里还配备有保险箱，感觉很安心（C 酒店）<br>• 房间的隔音效果非常好，一点都不吵（D 酒店）<br>• 一直在使用他家的网上银行，感觉还是比较安全的，有 Ukey，还有免费的短信通知（E 银行）<br>• 他家最好的地方就是底片全部赠送，店里不留底，这让我们很放心，要不然总是担心自己的照片会被拿作他用；他家有独立的更衣室、化妆间和休息室，像我这样的胖姑娘换衣服的时候也不会尴尬了（G 影楼）<br>• 我在她家做了双眼皮，效果很好，之后介绍我一个朋友过去，那天朋友自己去了，向美容院的接待小姐谈及我手术的一些细节，本来也没什么，但接待小姐很礼貌地回绝了，说公司规定不能透露客人的手术细节，我朋友本来还有所犹豫，一听这个，当即决定就在他家做了，后来朋友跟我说，他家对客人隐私的尊重和保护让她感到放心和安全（H 医疗美容诊所） | 127 | 49% |
| 响应性 | • 服务很好，一有问题，工作人员马上就会到，细节上比如鲜花水果什么的只要有需要随时都能送到，酒店非常重视我们的意见，离开酒店后不到 2 个小时，他们就发短信过来询问住店感受和服务评价（C 酒店）<br>• 服务员非常机敏，我不小心打翻了餐桌上的杯子，还没等我反应过来，就有服务员过来打扫，还关心地问我有没有受伤，他们很紧张你的感受，如果你取消了订座的话，就会马上问你是不是有什么地方照顾不周（D 酒店） | 136 | 53% |

续表

| 维度 | 顾客评价的描述举例 | 频次 | 频率 |
|---|---|---|---|
|  | • 虽然办理业务的人经常很多，但工作人员的办事效率还是很快的，窗口基本全部开启，网上银行非常方便（E 银行）<br>• 虽然人很多，但是上菜速度很快，服务员很机敏，会主动帮着上菜，水杯里刚喝到半杯就主动来给添水，我们向服务员提出的任何合理要求他也都能马上解决，要离开的时候，他还询问我们有没有服务意见和有没有不满意的地方，这在其他餐厅是没有过的（F 餐厅）<br>• 一走到门口，服务人员会主动帮我们开门，然后就有门市小姐热情接待我们，由于老公接到紧急任务要出国，我们只能在这周末拍摄，日子太近，原来定好的影楼已经没有档期了，不能帮我们安排，来到他家之后，门市小姐马上帮我们联络，得知档期也排满之后当即联络了原定那天拍照的一对夫妻，礼貌说明情况之后询问他们能不能把档期让给我们，还承诺送给他们一些礼品当作感谢和补偿，那对夫妻也很好，立即同意了调换档期的请求，整个过程不到 15 分钟，让我和老公喜出望外（G 影楼）<br>• 一次在她家做美容，敷面膜的时候突然腹部不适，跑到洗手间一看发现是“好朋友”来了，见到我面露难色，美容师小王赶紧跑到附近的便利店帮我买来卫生棉，帮我解了燃眉之急，过了一周我再去做美容时，发现卫生间的墙壁上有一个新的贴画，提示在洗手台下面的抽屉里为客人准备了卫生棉，还有不同种类的，让我大吃一惊（H 医疗美容诊所） |  |  |
| 移情性 | • 服务非常人性化，有家的感觉，不管提出什么要求，酒店都会想办法满足，我上次在酒店把太阳眼镜的一颗螺丝弄丢了，打电话给客房部问他们工程部能不能给我一颗小螺丝让我自已拧上，结果工程部的人拿去帮我修好了再还给我，非常贴心（B 酒店）<br>• 进酒店听到的第一句问候语“欢迎回家”，入住过程中确有宾至如归的感觉，每次带着孩子在酒店散步，总会有服务 | 144 | 56% |

续表

| 维度 | 顾客评价的描述举例 | 频次 | 频率 |
| --- | --- | --- | --- |
| | 员过来跟我们愉快地打招呼，还经常蹲下来跟孩子一起玩儿，总能给人很爽朗的感觉，最深的印象就是每天会在卧室放上一颗小贝壳，上面压着一张纸，写着今天的天气是什么，让我感到温暖（D酒店）<br>• 服务态度非常好，一进门就有工作人员热情地招呼你，询问业务需求，还会主动讲解或演示自助服务和填单，办理业务时有时后面的客人离我挺近，这时候总有工作人员主动过来温柔地告知后面的客人要站在黄线外，让我感到很安心（E银行）<br>• 服务员首先会跟我们做自我介绍，非常清爽的感觉，吃过一顿饭，我们便和服务我们的小赵成了朋友，她很热心，在特色、菜品、分量、口味等方面都会按照我们的情况提供合理的建议，不像有一些餐厅只知道一味地推销，等着美甲的人很多，她还专门为我们排了一个号儿，让我们安心用餐，真是超级贴心。（F餐厅）<br>• 拍婚纱很辛苦，本来我和老公是抱着上战场的心态去的，没想到一天下来非常轻松愉快，给我们服务的一共有 4 个人，摄影师非常幽默风趣，拍摄风格也是随性的类型，总是抓拍我们最自然的表情和动作，这让我们很快就摆脱了僵硬紧张的情绪，开始天马行空的做各种表情和动作，好像在玩乐一般，每拍摄完一组，摄影老师都会让我们在相机上浏览一下；效果超级好，既自然又有个性，让我们喜出望外；化妆师老师非常有风度，给我化妆的时候跟我沟通了好久，在一些细节的处理上也完全尊重我的意见，这让我很舒服；两位助理也相当敬业，在闲暇时还不时开着玩笑帮我们缓解紧张和劳累的情绪，尤其是在拍外景的时候，我们就像是几个好朋友出游一样，可开心了，十几个小时眨眼就过去了，反而有点儿不舍呢（G影楼） | | |

续表

| 维度 | 顾客评价的描述举例 | 频次 | 频率 |
| --- | --- | --- | --- |
| 舒适性 | • 住了 3 天的时间，感觉很赞啊，房间的设计十分精致，每一个细节都处理得很不错，色调感觉很温馨自然，床头有书画，躺在贵妃椅上不经意抬头发现包着梁的竟是皮质，被套上有隐着的书法，浴缸边墙上还有一片银杏叶的墙饰，每一个布置和饰物都有一种质感，不仅是房间，就连走道上都有水晶装饰，总的感觉就是低调的华丽（A 酒店）<br>• 很有特色的建筑外观，客房挺有特色，当代中式的装修风格让房间里的一切都那么中国化，从酒店设施到服务人员的微笑，从幽暗的灯光到品牌特有的蓝色，一切都很精致，慵懒中带着一丝奢华，让人感到无比舒适（B 酒店）<br>• 房间是我很喜欢的英式风格，每处布置和设施都非常细心体贴，洗澡间有供洗浴踏脚用的位置，连沐浴品都呈 45 度角放置方便拿取，处处可见微笑，处处可听招呼，女服务员有着亚运礼仪小姐的典雅和灿烂的微笑（C 酒店）<br>• 环境很不错，自助终端很好用，而且很少见到故障不能使用的情况；大厅明亮整洁，还有电视，排队等候的时候看看节目就不会太无聊了；工作人员清一色的帅哥美女，仪态大方，赏心悦目（E 银行）<br>• 环境很棒，装潢和布置很有品位，像一个高档的西餐厅，红色的基调，透明华丽的灯饰，精美的器具，让火锅这个下里巴人的餐饮变得犹如阳春白雪一般；服务人员非常精神，着装统一，表演拉面的小伙子动作利索，非常养眼；柔和的灯光下升腾着火锅的雾气，感觉非常宜人（F 餐厅）<br>• 装修与布置很有品位，低调且精致，从上楼处布置的消毒柜和鞋柜，到服务人员的整洁的着装，给人感觉非常干净卫生，几乎所有的平面都是一尘不染，就连地面也一样，这让我感觉非常安心；不同的美容室贴着不一样的墙纸，有的明亮，有的沉静，给我多种选择；做美容和理疗有时是非常耗时和无聊的，但是诊所里播放的轻音乐总能让我很快进入梦乡，非常舒适（H 医疗美容诊所） | 216 | 83% |

续表

| 维度 | 顾客评价的描述举例 | 频次 | 频率 |
| --- | --- | --- | --- |
| 心理质量 | • 一走进酒店就能感受到这个酒店给客人展示的一种深厚的文化底蕴，一种层次感油然而生（A 酒店）<br>• 上海最早的五星级酒店之一，服务和酒店文化绝对是五星酒店中的佼佼者，酒店餐厅从日式、西餐到 sunday brunch，无一不获得好评；外国首脑经常光顾的地方，高端商务人士的首选，奥巴马来上海的时候就住过这里，可以想象这家酒店的档次（B 酒店）<br>• 公司国外访客和 VIP 的御用酒店，很多商务出差人士都住这里，还经常有明星出入（C 酒店）<br>• 一走进酒店就能感受到酒店深厚的文化底蕴，毫不张扬却富有格调，深沉却不古板，虽然是度假酒店，但能看出酒店的客人都是有一定层次和地位的，素质都很高，让我自己也产生一种尊贵感，回酒店的时候都会很自豪地告诉司机酒店的名字（D 酒店）<br>• 在他家办理个人理财业务的基本都是素质和层次比较高的人，他家的活动和金融产品也确实迎合了这些人的需要，总觉得用他家的银行卡是潮流和现代的标志（E 银行）<br>• 在他家吃火锅就像吃西餐一样，感觉特别有小资情调，服务员真的把你当上帝一样招待，尊严感油然而生，这里算是火锅店中比较高端的了，来这里的顾客大多是讲究生活品位的人，从他们的谈吐和穿着就能看出来；在这里吃火锅，少了一丝粗犷，多了几分优雅（F 餐厅）<br>• 他家的定位一向很高端，这从定价上就能看出来，不同的是他家的性价比很高，虽然价格高，但配套的服务和东西也很实惠，第一次在他家咨询的时候，发现周围同来咨询的情侣都是那种看上去很有素质的人，后来我跟朋友推荐他家，介绍经验时总觉得自己是特别有经济头脑的人，因为他家东西确实物有所值（G 影楼）<br>• 他家在我们这是非常有名的，无论是技术还是服务都很一流，有时候几个朋友在一起闲聊，被问及在哪里做美容，提起他家还是很有面子的（H 医疗美容诊所） | 119 | 46% |

资料来源：本研究整理。

## 二、证据链分析

为保证研究效度，本研究对5个关键要素逐一进行了多重证据来源的三角验证，通过构建案例企业的证据链为每一项维度寻找实践证据。多重证据来源主要包括介绍和解读与案例企业相关的文字记录对案例企业相关人员的访谈以及研究团队在案例企业进行的现场观察和服务体验。

（一）隐私性

隐私性强调对顾客隐私的尊重程度，如能否保证服务场所的私密性、服务人员能否充分尊重顾客隐私、对顾客信息能否严格保密等。在259个分析单元中，该维度出现127次，频率49%。在顾客评价之外，对隐私性的强调还体现在其他证据来源中，如表4.6所示。

表4.6 隐私性证据链及来源表

| 证据来源 | 证据内容 |
| --- | --- |
| 文字记录 | ● A、B、C、D四家酒店都制定了详细的客户信息管理制度，将客户信息进行分类管理，对与客人隐私有关信息，如身份证号、联系方式、房间号等严格保密，不允许以任何形式向酒店外部或内部无关的工作人员泄密；对与客人消费喜好或习惯有关的信息都详细记入客人的个人需求偏好档案，允许酒店服务人员共享，同时规定共享信息只能用于为顾客提供更好的服务，不能用作其他商业性用途。<br>● E银行对客人的个人信息和财产信息设定了严格的保密级别，任何人不得在没有经过顾客授权或允许的前提下查询或泄露顾客信息，如因司法调查或取证确实需要查询顾客的信息时，必须由申请方严格按照正常的司法程序进行查询<br>● G影楼制定了严格的客人信息管理办法，对客人个人信息严格保密，不允许工作人员以任何方式探寻、谈论、透露顾客信息；规定严格的影像资料管理制度，要求员工必须在服务结束后将所有过程底片和设计成片全部交给顾客，不得以任何形式和目的留存、转载、公开、发表未经顾客允许和授权的照片和影像 |

续表

| 证据来源 | 证据内容 |
| --- | --- |
|  | ● H 医疗美容诊所规定，在未经顾客允许的前提下，员工都不得以任何形式将现有顾客的个人信息、美容医疗信息或成功案例作为吸引新客户的例证；诊所还规定美容师要对客人的相关信息严格保密，不得以各种形式打听、泄露客人隐私，也不准将客人情况作为闲聊与讨论的对象 |
| 深度访谈 | ● G 影楼北京店负责人表示，顾客的拍摄资料属于顾客的私人信息，如果客人想交流经验和了解情况，我们专门在官方网站上开辟了论坛，欢迎客人发照片和交流,但我们绝不允许员工在论坛上发布客人照片，一旦发现，即使客人并不追究，我们也会追究其责任，并向客人道歉<br>● C 酒店大堂经理在访谈中提到：有时候客人的朋友来酒店拜访，会直接向我们询问房间号，虽然大部分人会对我们婉拒的行为表示谅解，并且耐心等我们与客人取得联系，但也经常会出现不谅解的客人，面对此种情况，我们宁可在他们与客人联系上之后为他们的聚会提供免费的饮料和水果，也不会因我们不告知房号的行为而道歉，因为在酒店里，客人的一切信息都是被严格保密的，这样客人才会感觉到安全放心。<br>● E 银行天津地区某支行负责人表示，保证顾客在银行的信息安全是金融服务最重要也是最本质的承诺，这不仅能让顾客安心放心地接受服务，也能防范银行风险，对银行和顾客来说都至关重要<br>● H 医疗美容诊所负责人表示诊所规定了严格的顾客信息管理办法和制度，诊所对每一位客人的档案设定了最高级别的访问权限，只有诊所的主管负责人和顾客的专属美容师或理疗师才能访问顾客档案，查询相关信息，并通过签署保密协议确保享有访问权限的员工不以任何形式泄露顾客信息 |
| 现场观察与服务体验 | ● A 酒店、B 酒店、C 酒店与 D 酒店都对服务场所进行了严格分区，在酒店大堂与客房之间设置隔断，客房楼层无卡不得进入，确保客人享受私密安静的个人空间，研究者曾假意向酒店服务人员打听其他客人信息后或以住客朋友身份询问客人房号，均被服务人员婉拒<br>● E 银行在距离每一个柜台窗口一米处都防止了黄色围栏，并有专门人员负责提醒排队的客人在围栏之外，防止正在办理业务的客人信息泄露；银行设置了独立的理财服务区，并对每一位客人提供私密的理财服务；网上银行、电子银行等业务需要配备专门的 Ukey 才可进行，安全系数较高 |

续表

| 证据来源 | 证据内容 |
| --- | --- |
| | ● G 影楼为每对客人准备独立更衣间和化妆室，并配有专属摄影师和化妆师；影楼对客片使用严格限制，只对咨询和选样的顾客出示影楼拍摄的广告样片；为满足顾客欣赏客片的要求，同时保护客人隐私，影楼在官方网站上开设讨论区，供客人自由选择是否上传客片；对提出欣赏客片的客人，门市小姐会推荐客人上网站浏览；拍摄周期结束后，影楼会将全部数字底片交给客人 |

资料来源：本研究整理。

（二）响应性

反映服务人员的服务积极性和主动性，如能否积极回应顾客需求，能否主动为顾客解决问题。在 259 个分析单元中，该维度出现 136 次，频率 53%。在顾客评价之外，对响应性的强调还体现在其他证据来源中，如表 4.7 所示。

**表 4.7 响应性证据链及来源表**

| 证据来源 | 证据内容 |
| --- | --- |
| 文字记录 | ● A 酒店服务准则强调“我必须迅速解决客户的问题”，规定员工必须快速响应顾客需求，不得推脱怠慢<br>● B 酒店规定当客人询问酒店内某个地方时，要亲自陪同前往，而不应仅指明方向；接听电话要遵守酒店的电话礼节，铃响不能超过三下<br>● D 酒店允许员工认为需要为客户提供额外服务或补偿时，无须报告上级主管等候批准，直接在授权的 2000 美元额度内迅速处理<br>● E 银行制定了详细的业务操作流程时间框架，规定了员工与顾客每一个接触的反应时间，要求员工必须主动与客户沟通，及时回应客户需求，不允许以任何理由消极推脱<br>● F 餐厅在其官方网站上向顾客承诺：当你还没有走到饭店门口时，服务人员就会热情地上前打招呼；当您洗完手时，会有员工及时为您送上毛巾 |

续表

| 证据来源 | 证据内容 |
| --- | --- |
| 深度访谈 | • A 酒店总经理说：即使客人在凌晨三点钟要早餐，我们也要满足他们的需求；再比如客房标准用餐是在 30 分钟内提供，我们可以为有紧急事务的商务客人在 15 分钟内提供<br>• C 酒店大堂经理说：敏锐的洞察力是酒店所有员工必须具备的基本能力，除了迅速回答顾客的问题和疑问，满足顾客的要求之外，我们还必须通过对顾客的观察判断其是否遇到了困难或需要我们帮助，如果答案是肯定的，即使顾客没有明示，我们也要立即采取行动<br>• G 影楼北京店负责人说：即使在签约时我们已经与顾客约定好了拍摄时间，在拍摄日之前的一段时间内我们也会主动跟顾客反复确认，一方面提醒顾客记得拍摄日期，并提示顾客做一些必要准备，另一方面也能在情况变化时及时调整<br>• H 医疗美容诊所负责人表示大部分顾客相对缺乏专业知识，尤其对准备接受整形治疗的顾客来说，他们对服务的预期更依靠专业人士，在来店咨询的时候，往往会提出这样或那样的要求，诊所咨询师必须时刻保持足够的耐心，一方面要及时回答顾客提出的问题和疑问，另一方面也要主动为顾客制定治疗和术后恢复方案，并在制定方案时充分考虑顾客的要求和意见 |
| 现场观察与服务体验 | • 一走近 A 酒店大厅前的落地门前，就会有酒店员工主动打开大门，亲切地打招呼，询问顾客需求并引领到相应位置或者请专门人员进行引领<br>• 从车辆驶进 C 酒店大楼门前直到办理手续后进入酒店房间，全程都有服务人员陪同，一方面主动介绍酒店情况，一方面询问客人有没有其他需求；研究者提出想在附近游玩，服务人员便主动向研究者介绍周边可以游玩的地点，包括休闲娱乐设施、旅游景区、风土人情和美食小吃，并向顾客推荐了几家当地有名的店铺；回到房间后不久，服务人员就专程为研究者送来了一份在周边游玩休闲的攻略，除了记载了可以游玩的地方外，还记录了详细的地点和交通方式以及需要注意的事项<br>• 在 F 餐厅用餐，只要顾客面露难色或东张西望做出在寻找服务员的样子时，马上就会有服务人员上前询问是否需要帮助；如果有一位顾客 |

续表

| 证据来源 | 证据内容 |
| --- | --- |
| | 提出某种特殊需要，服务人员会立即向同桌其他可能也有此类需求的顾客提供同样的服务<br>• G影楼一般会提前与顾客预约拍摄时间，并约定各个阶段的时间节点，如果遇到特殊情况，影楼会及时为客户进行调整；对顾客预约好的套系内容，在拍摄过程中和影集制作之前，客人都可以根据自身需求与影楼就套系内容和产品规格进行协商<br>• H医疗美容诊所的美容师会主动与顾客定期沟通，并为顾客进行预约，主动及时地向顾客通报诊所的最新情况，如引进的新设备、推出的新产品和新服务、引进了新员工；在服务过程中，当美容师发现顾客的皮肤或身体已经出现了新情况、新问题或者即将出现问题时，会及时为顾客定制解决方案，把皮肤问题扼杀在萌芽之中 |

资料来源：本研究整理。

### （三）移情性

反映顾客与服务人员在接触中的礼貌、尊重、理解、关心、友好、主动等态度和由此产生的愉悦的情绪反应，体现为愉快的交流、尊重并满足顾客的个性化需求。在259个分析单元中，该维度出现144次，频率56%。在顾客评价之外，移情性还体现在其他证据来源中，如表4.8所示。

**表4.8 移情性证据链及来源表**

| 证据来源 | 证据内容 |
| --- | --- |
| 文字记录 | • B 酒店为所有客人建立了喜好档案，以便当客人再次入住的时候，能够以客人喜欢的方式为其提供个性化的服务<br>• D 酒店明确规定员工要保持微笑，要主动与客人保持目光接触，要尽量称呼对方名字，接听电话时要在语音中透出“微笑” |

续表

| 证据来源 | 证据内容 |
| --- | --- |
| | • F 餐厅倡导为顾客提供个性化的服务，主要体现在管家式服务、亲情式服务、顾问式服务、保姆式服务和情景式服务，通过桌游、美甲、皮鞋护理、眼镜布等一系列方式实现员工与顾客的互动<br>• G 影楼规定工作人员必须热情耐心地对待顾客，在拍摄过程中必须保持与顾客顺畅且愉快的交流，当拍摄想法与顾客想法或需求冲突时，必须以顾客需求为准<br>• H 医疗美容诊所规定员工必须尊重、理解、亲切地对待客人，注重与客人交流的方式与方法；对有自卑心理或容颜、身体有缺陷的客人，服务人员必须积极引导，不得歧视、嘲笑或以此为由拒绝服务 |
| 深度访谈 | • A 酒店的一位大堂经理说：有的时候，顾客的需要通过倾听就可以清晰地了解；有时候，需要通过“打听”才能弄清楚；还有时，必须亲眼关注顾客的行动才能得出结论；有些需求是显而易见的，但有些是顾客没有言表的，只有设身处地为顾客着想才能得出正确的结论<br>• D 酒店总经理在访谈中说：奢华不是由我们去定义，而是由客人去定义的，客人定义的奢华才是真正的奢华，客人需求是不一样的，有的喜欢被关注、被关心，他不在意是否因为关心而被打扰，我们就需要这样做；而有的喜欢安静，只希望有要求时酒店才出面提供帮助，那么我们就需要那样做<br>• E 银行天津地区某支行负责人表示：顾客对我们提供服务的态度要求很高，有时候言行上的稍微不注意就会引起顾客的不满，甚至有顾客会因认为我们不尊重他而中止与我们的合作；当业务人员与顾客交流很愉快时，达成合作的可能性就会很大<br>• F 餐厅某分店负责人表示：个性化的特色服务内容和真诚热情的服务态度是餐厅的制胜法宝，很多顾客来店里用餐，就是看中这两点<br>• G 影楼北京店负责人说：我们希望与顾客之间建立良好的关系，因为将他们人生中最美的日子定格在影像中是一件很神圣的事情，我们的所有工作人员都深知这一点，并为自己的工作感到自豪，对拍摄效果有孜孜不倦的追求，这种敬业的态度和专业的激情赢得了顾客的尊重，很多顾客拍摄婚纱照之后还会来我们这里拍摄周年照、孕妇照等 |

续表

| 证据来源 | 证据内容 |
| --- | --- |
| 现场观察与服务体验 | • A 酒店的服务人员彬彬有礼，礼貌地打过招呼后询问我是否需要帮助，并主动引领我进入大堂一侧的咖啡厅，落座之后，服务小姐端来一杯热柠檬水，应我要求出示酒水单，并对我提出的关于饮品名称和配料的问题一一耐心的解答，还根据我的个人喜好推荐了几款适合的饮品，整个过程中服务小姐始终面带自然的微笑，语言平缓柔和，对我提出的琐碎要求有求必应<br>• B 酒店服务人员对待每一位出入酒店大门的来宾都热情相迎，并将携带行李的客人引领至前台，陪同办理入住手续，并对客人随时产生的疑问进行解答；对没有携带行李且初次来店的顾客，服务人员会询问客人的来意，并将客人引领至相应的区域，再根据需要进行服务安排；在酒店大堂随处可见酒店员工与客人热情打招呼和交流的场面，一些员工还会帮助正在办事的父母照看孩子，并且与孩子相处融洽<br>• 在 C 酒店入住两天，从办理入住手续开始直到离店，与服务人员相处非常融洽；在前台办理业务时，服务人员会送上茶水和糖果；在房间内拨打服务电话，接线员会热情地称呼我的名字，并根据我的要求主动联络相关部门为我解决问题，而不是告知我一个电话让我自己联系，期间我需要一个绑头发的皮筋，跟服务人员反映后，服务小姐便将自己刚买的一个崭新的头花儿送给我，让我很意外<br>• 从大堂经理到银行柜员，E 银行的工作人员总是面带微笑且彬彬有礼的，这与一些银行面无表情的柜员形成了强烈的对比，办理业务时，E 银行工作人员会对顾客的问询进行耐心讲解，并在需要顾客注意的地方做出显著提醒；在营业场所之外，E 银行还会通过电子银行等渠道与顾客进行沟通交流，根据顾客的消费偏好提供相应的消费资讯和优惠活动，设计创新的金融产品<br>• H 医疗美容诊所总是弥漫着欢声笑语，对年龄较大的客人，美容师们通常以“姐姐”或“阿姨”称呼，对年龄相仿或偏小的客人则称呼姓名，感觉十分亲切；在美容过程中，美容师与客人聊天，让客人不会在几个小时的美容过程中感到无聊；如果感觉到客人很疲惫，她们则会保持绝对安静，让客人安心休息；虽然大多数客人都是购买的长期套餐和固定服务，但她们会根据客人的皮肤和身体状况，并在征得客人同意后对套餐内容进行适当调整，以便更好地为客人服务，当然，在很多情形下这些调整是以提供附加服务为内容的，并且维持服务价格不变，因此受到广大客人的欢迎 |

资料来源：本研究整理。

（四）舒适性

舒适性是指对顾客的视觉、嗅觉、听觉、触觉等感官产生影响的有形展示和环境氛围，强调所有元素在功能、氛围和美观上的和谐统一。在259个分析单元中，该要素出现216次，频率83%。在顾客评价之外，舒适性还体现在其他证据来源中，如表4.9所示。

**表4.9 舒适性证据链及来源表**

| 证据来源 | 证据内容 |
| --- | --- |
| 文字记录 | • A酒店的意味轩餐厅设计主题围绕“美酒与蘑菇”两个关键词，酒廊陈列着2000多瓶意大利精选佳酿，吊顶悬挂的3000枚特制镀银蘑菇造型与餐厅主题相得益彰，那些精致的蓝色水杯、镀银餐具、各式瓷器均出自意大利名家之手，红色孟买风格窗帘与拉丁仿古墙布细腻而奢华<br>• B酒店由美国的室内装潢大师精心设计了大堂柔和的氛围，确保灯光、色彩、装饰织物、家具及艺术品的完美结合，酒店通过光线、色彩和速度的变化给人温馨、新奇、梦幻的感觉；酒店经常根据行业发展的流行趋势，不断进行升级改造，如每隔90天就会对客房进行重新布置和维护，进行细致的装修和装饰，确保客房总是焕然一新，让客人总有一种全新的感觉和享受<br>• F餐厅不仅有高档宜人的用餐环境，还配备有美甲区、擦鞋区、免费上网区、游乐园区和候餐区，各个功能区的划分提升了饭店的接待能力，使顾客枯燥的等待时间变得有趣，让顾客体验享受等待的感觉；除此之外，餐厅还为孩子准备了婴儿床、婴儿椅和睡袋，为大龄客人和残疾、患病客人准备了轮椅，为有着一头秀美长发的女生准备了皮圈儿，为每一位小孩子准备腰围，防止他们弄脏衣服 |
| 深度访谈 | • C酒店的一位客房部员工说：我们准备了多达数十种不同规格和材质的枕头与被褥，确保让每一位顾客都能享受舒适的睡眠<br>• D酒店总经理在访谈中指出：D最与众不同的地方就是提供的不仅仅是一个房间、一次用餐，而是让顾客感到舒适的整体的度假体验 |

**续表**

| 证据来源 | 证据内容 |
| --- | --- |
| | • F 餐厅某分店负责人说：我们希望能为客人营造出高雅的用餐环境，在诸多因素中，温度是控制难度最大的环节，我们必须综合考虑火锅点火前后的温度差，并进行实时调节，既不能让顾客在用餐时感到热，也不能让顾客在等餐时感到冷<br>• G 医疗美容诊所负责人说：很多客人来店里消费都是为了放松和休息，因此我们必须提供最舒适的服务环境，从美容产品到被褥和客人专用的服装，我们都必须为客人选择最舒适的 |
| 现场观察与服务体验 | • B 酒店为商业人士提供了电子卡门锁、带有语音信箱的国际直播电话、配备齐全的微型酒吧、客房内贵重物品保险箱等<br>• C 酒店的大堂低调奢华，环境优雅；房间配套设施齐全现代，空间布局合理，用品齐备，装饰美观；服务人员仪容整洁，赏心悦目<br>• D 酒店的装修风格简约却不简单，温度与湿度控制的恰到好处，庭院里的绿色植物和流水配合得相得益彰，房间宽敞明亮，功能划分合理，用品摆放整洁科学，便于使用<br>• E 银行营业厅宽敞明亮，装潢高雅，设备齐全；在业务办理区域有“一米”距离的标志，便于顾客自觉保持距离，防止顾客信息泄露；营业厅温度适中，采光与通风较好；等候区域配有舒适的座椅，并放置品种较多的杂志和银行相关业务介绍<br>• F 餐厅环境整洁优雅，装潢与布置都十分精美，餐厅有明确的功能分区，等候区域配有美甲、擦鞋、桌游、上网等设备，顾客在等待时不仅可以免费使用这些设备，还能享用免费的饮料和糖果；用餐区有不同种类的座椅，能够满足不同人数客人的用餐需求，餐桌下有专门用于放置皮包与随身物品的抽屉；服务人员会将顾客脱下的外套用椅套套好，防止滑落或弄脏，还会为顾客提供装手机的塑胶袋、皮筋和眼镜布；餐厅内温度控制适宜，不会因为火锅的热量造成室内温度的升高；餐厅灯光设计巧妙，既方便客人用餐，还能营造出浪漫高雅的氛围，同时节约能源<br>• G 影楼的装修与装潢异常精美，门市中的各类影集和商品摆放有序，自然光与灯光的配搭调节了室内的明亮度，营造出浪漫温馨的氛围；门市配备有多台大屏幕电脑，方便顾客仔细观看效果图和选片，门市 |

续表

| 证据来源 | 证据内容 |
| --- | --- |
| | 接待员人手一台 ipad，方便客户快捷浏览各种样片；地板进行了防滑处理，防止顾客滑倒<br>• H 医疗美容诊所配备有各种先进的美容医疗仪器，并且将服务区域进行了日常服务区、手术区和无菌区的严格划分；美容床的摆放以人均服务面积为原则，严格保证每一位顾客有宽敞的空间接受服务；室内采用恒温恒湿控制，并且配备了不同厚度的毛毯和被子；在接受服务期间，诊所还为每一位顾客准备了温水、冰水、糖果、水果、点心、小吃和例汤 |

资料来源：本研究整理。

### （五）心理质量

反映顾客在服务中获得的社交、尊重和自我实现等高层次心理需求方面的满足和自我认同，如接受该企业服务是某种身份和地位的象征。在 259 个分析单元中，该维度出现 119 次，频率 46%。在顾客评价之外，对心理质量的强调还体现在其他证据来源中，如表 4.10 所示。

**表 4.10　心理质量证据链及来源表**

| 证据来源 | 证据内容 |
| --- | --- |
| 文字记录 | • 2008 年至 2009 年 A 酒店意味轩餐厅连续两年被美国权威业内杂志《葡萄酒鉴赏》评为北京“杰出葡萄酒餐厅”，与 B 酒店意大利帕兰朵餐厅一并获得此项殊荣 |
| 深度访谈 | • D 酒店总经理表示酒店在很多客人心中留下了完美的印象，很多客人都是回头客，无数客人来信及送礼物<br>• F 餐厅某分店的负责人表示：我们从事的不仅是餐饮服务，更是传播巴蜀的餐饮文化，因此在我们的经营中要体现文化的氛围，让顾客在这里不仅享受蜀地佳肴，更感受巴蜀文化，得到味蕾与精神的双重满足 |

**续表**

| 证据来源 | 证据内容 |
| --- | --- |
|  | • G影楼北京店负责人说：我们的目标客户是那些追求浪漫的，有艺术鉴赏能力和艺术品位的中等收入人群，这个人群的个人特征和需求特点与影楼的风格和文化相符，因此最容易产生共鸣，使顾客产生心理上的归属感 |
| 现场观察与服务体验 | • B酒店汇聚了诸多高端商务人士和各界名流，很多国内外知名人士和政商首脑也曾下榻该酒店，这让酒店成为很多顾客心中梦寐以求的向往之所<br>• C酒店的客人以商务旅客和家庭客人居多，大多数客人看起来温文儒雅，礼貌热情，有较高的素质和档次<br>• E银行的客人以年轻人和具有一定消费能力的中高端人士居多，他们看起来充满活力，且有一定的鉴别鉴赏能力，乐于接受新事物，追求生活品质<br>• F餐厅的客人以25~40岁左右的青年人居多，这些客人大多比较热情友好，且能严格遵守公共秩序和餐厅的规定，如自觉排队候餐，或美甲和擦鞋，不会随地扔垃圾和杂物，不会在无烟区吸烟等<br>• H医疗美容诊所的很多顾客都表示在诊所接受服务所获得的不仅仅是日渐年轻美丽的容颜，还有在服务中体会到的人本关怀和因容颜改变而增加的自信和满足 |

资料来源：本研究整理。

综上所述，本研究通过对来自5个服务行业的8家代表性企业259个分析单元的内容分析识别出顾客感知的精益服务（Fine Service）关键要素，构建了精益服务的关键要素模型如图4.1所示。在下一章中，本研究将通过开发精益服务的测量量表论证并检验该模型。

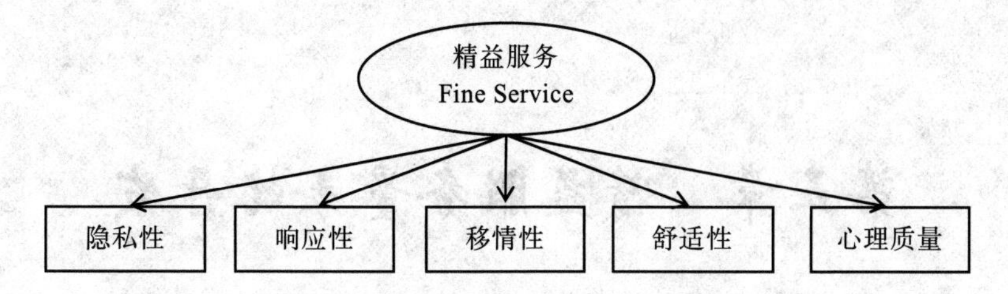


**图 4.1　顾客感知的精益服务五维度模型**

资料来源：本研究设计。

# 第五章　精益服务量表的开发

对精益服务量表（FS）的开发不仅能使精益服务的理论更加明晰，为测量精益服务提供有效的工具，还能对第四章提出的精益服务的五维度模型进行检验。精益服务量表（FS）的开发主要由两部分组成，即量表开发与有效性检验。在本章中，本研究将详细阐述精益服务量表的开发过程。在下一章中，本研究将对精益服务量表的有效性进行检验。

## 第一节　量表开发的原则与一般步骤

### 一、量表开发应遵循的基本原则

开发量表进行测量的目的在于根据研究者对理论构念的理解和定义，把抽象的概念具体化，并找到合适的测量指标，进而对构念所代表的现象进行科学的描述、区分、解释和预测。所谓构念，是指对管理学概念某些特质或属性的描述和抽象（陈晓萍等，2008）。在测量中，构念的定义与实际量表之间的一致性程度称为构念效度，是评价测量质量的关键指标。为了确保量表能够最大程度地反映所要测量的特质或行为，研究者在量表开发时应当坚持三项基本原则（陈晓萍等，2008）：

1. 最大可能的包含目标概念中的各个成分。当开发的量表在实际测量中遗漏了概念本应当测量的成分时，我们认为该量表是有“缺陷”的，因为它没有充分地反映出所要研究的理论构念。量表的“缺陷”越多，构念效度越低。因此在开发量表时，研究者应最大限度的包含概念中的各个部分。

2. 测量指标力求逻辑清晰，界限明确，最大可能的排除其他相关概念的影响。当量表包含了概念并没有定义的成分时，我们认为该量表受到了“污染”，“污染”程度越大，量表的构念效度越低。“污染”主要源于测量中的随机误差和目标构念之外的系统性变异，而后者主要是由于研究人员对操作理论概念的认识不精确或混淆了相关理论造成的。因此，在量表开发时既要力求涵盖构念的所有指标，又要保证指标之间的独立性，避免出现混淆和重复。

3. 努力控制随机因素对测量的影响，如测量的物理环境、测量氛围、被试者的情绪和知识水平等。

## 二、量表开发的一般步骤

开发具备构念效度的量表需要实现理论构念与测量指标的高度一致（陈晓萍等，2008）。为了保证测量的构念效度，量表开发需要遵循一定的开发步骤。

（一）构念说明

准确概括的定义所要测量的构念，清楚地说明构念的理论边界是开发量表的首要任务和开发高质量量表的重要前提。一个好的构念说明应当能够阐明研究现象的核心特征。优质的构念说明应当符合以下四项标准（陈晓萍等，2008）：

1. 明确所要测量的构念与其他相近构念的差异，确定欲测现象的边界。

2. 清晰的理论构念层次。构念的层次是描述现象时所基于的层次，也是我们希望最终研究结论的层次。量表开发的第一步就是明确所要研究的理论构念属于哪个层次，是个人层次还是集体层次。

3. 在构念说明中识别构念应当包含的内部成分，即该构念是单一维度还是多维度，应当包括哪些维度。

4. 说明构念主要的前因、相关与后果，说明目标构念与其他构念之间的因果关系。这是构成理论假设、推论量表的构念效度的必要成分。

（二）产生测量项目

对构念进行说明之后，研究者需要将构念操作化，产生测量项目。在该阶段，研究者要开发出与构念定义的内涵相匹配的、足够多的测量项目，这是保证内容效度的前提。一般而言，发展测量项目可以遵循两种主要方法：演绎法和归纳法。演绎法是一种自上而下的开发模式（Hinkin, 1998），当测量的构念具有较充足的理论研究作为基础时，通常采用演绎法。研究者可以通过文献回顾确定理论构念涵盖的范围，通过自己的理解或借鉴已有量表对构念进行操作。与演绎法相反，归纳法是一种自下而上的开发模式（Hinkin, 1998）。当缺乏充分的可参考文献，研究者对要研究的现象知之甚少，可供借鉴的研究相对贫乏时，研究者往往需要通过各种方法收集关于构念内容的描述，分析这些描述，明确构念的范围和内在结构，再结合现有文献，产生测量指标。一般而言，在探索性研究中，运用归纳法开发量表较为常见。

测量项目的产生包括了一系列工作，这些工作按照一定的步骤逐层展开，并需要反复斟酌修改。主要工作包括：

1. 建立项目池。所有项目池中的项目都应该针对量表的测量目标进行选择和编制，每个项目的内容主要反映的都应当是所指向的构念。根据信度系数的内部一致性进路，信度系数是项目间的相关强度和项目数量的函数。由于在编制阶段尚不明确项目之间相关性的强度，增加项目数量便成为弥补低信度的有效方法（罗伯特，2010）。在该阶段最好多编制一些项目，因为适度的冗余有利于保证量表的信度。一般而言，池中项目是量表可包括项目的3到4倍即可（罗伯特，2010）。在项目编写时，应尽量用通俗的语言对待测构念进行重新表述，反复审视已编写项目，剔除那些可能让被试者犹豫不决的项目。项目表述应当言简意赅，避免啰唆冗长，同时兼顾项目的可读性水平，即表述文字的难易程度和语法结构等。另外，项目的编写还要避免“双筒枪”项目[①]和因代词产生的指代性歧义（罗伯特，2010）。

2. 决定项目形式

项目形式应当与项目生成同时进行，从而确保两者互相兼容。项目形式有很多，如瑟斯顿量表、古特曼量表、意义差别、视觉类比等，各种形式各有优劣，需要根据所要测量的构念属性和研究目标选择适合的项目形式。李克特量表是项目形式中最常用的形式之一，被广泛用来测量观点、信仰和态度类构念。李克特量表中项目的题干通常是陈述句，伴随的备择选项表示对陈述内容的赞同或认可程度。编制量表时，题干陈述的内容要相当强烈（但不要极端强烈），因为温和语气的题干可能会诱发过度赞同，适度的观点应该反映在备择选项之中（罗伯特，2010）。

（三）评价内容效度

项目池建立之后，研究者需要对项目进行基于心理测量学的评价，以便删除不能反映待测构念实质的、容易引起误解、影响测验质量的项目。所谓内容效度，是指测量内容在多大程度上反映或代表了研究者所要测量的构念（Haynes, Richard & Kubany, 1995），是保证量表构念效度的必要前提。

---

① “双筒枪”项目是指同时表述两个或更多思想的项目。对于这种项目，同意项目所表达的思想可能意味着同意其中的一种思想，也可能意味着同意项目中的所有思想；反之，对项目的否定也可能是出于对其中的一种思想持否定态度。

对内容效度的评价可以采用定量和定性的方法，其中定性评价方法最为常用。定性评价的方法是指通过一组专家就某个构念的测量是否符合他们对此构念的认识进行主观判断，也称为专家评审。进行专家评审时，需要研究者邀请一组熟悉测试内容的专家对入池的项目进行评估，评估的内容主要包括研究者对待测现象的定义、评定项目与待测构念之间的关联性、评价项目表述的简洁性和明了性、指出研究者忽视的测量方法等。研究者对专家评审的反馈意见应当慎重处理，与专家就分歧问题进行讨论，对项目池进行合理的修改和调整。

（四）抽取样本测试项目

在对项目池进行专家初审之后，就要将修改形成的项目在样本上进行测试，以便评价每一个项目的表现，从而确定组成量表的项目。被试样本应当足够大，农纳利（Nunnally，1978）认为为了把注意力集中在项目的合适性方面，被试样本数量应充分大，一般 300 人就足够大了，从而不必担心被试变异方差的消除问题。但是实践经验也告诉我们，用更小的被试样本也能成功开发量表（罗伯特，2010）。

对项目的评价应当从以下几个方面入手：

1. 对项目表现情况的初步审查

评价项目表现的第一项标准是项目之间彼此是否高度相关。对于一个要组成量表的项目，该项目应当与潜变量真分数高度相关。项目间的相关系数可以用来反映项目分数与真分数之间的关系，相关系数越高，项目的信度就越高，项目与真分数之间的关系就越密切（罗伯特，2010）。对项目的初步审查主要有以下几个指标：

（1）逆向评分：如前所述，项目之间应当具有一定的相关性，如果一些项目间的相关系数为负值，就要考虑是否需要对该项目进行逆向评分，并用进行逆转处理之后的项目评分重新计算项目间的相关系数。当然，也有一些项目之间的相关系数即使通过逆向评分也无法消除，这种情况通常表示该项目与其他项目并不兼容。

（2）项目—量表相关

在该检验中，选用“校正项目—量表相关”考察每个项目与除它之外的剩余项目整体的相关性，通常在该系数上得分较高的项目会优于得分较低的项目。

（3）项目变异方差

项目变异方差越大，越能体现样本在该项目上的差异，越有利于区分不同水平的个体；反之，项目变异方差越趋近于零，该项目存在的意义就越小。

（4）项目平均成绩

项目平均成绩越靠近可能分数的全距的中心，该项目越理想。项目的平均成绩越靠近任何一个极端值，该项目的变异方差与校正项目—量表相关系数通常也越差。

综上所述，得到对项目表现情况初步审查的评价标准：

标准 1：在指向同一潜变量的项目集合中，任何一个项目如果在与某些项目正相关的同时与其他项目负相关，且这种负相关不能通过分数逆转而消除，该项目就应当被淘汰。

标准 2：在校正项目—量表相关系数、项目变异方差和项目平均成绩三项指标中表现均较差的项目应当被淘汰。

2. 检验内部结构

测量指标的单一维度性是测量理论中一个最为基本和关键的假设（Gerbing & Anderson, 1988），因此研究者需要检验项目必须反映同一个理论构念。在检验量表的内部结构时，主要是通过探索性与验证性因子分析进行的。当研究者对量表的内部结构缺乏清楚的理论预期时，通常会采用探索性因子分析，从而发现与测量内容无关的指标（因子载荷非常低）或不符合研究预期的指标（如负向的因子载荷或最大因子载荷没有落在所测量的因素上等）。根据这些信息，研究者可以识别内部结构，建议哪些项目应该被剔除。当对量表的内部结构有较为清楚的预期时，验证性因子分析则是最直接、带有假设检验性质的分析方法（陈晓萍等，2008）。

3. 信度检验

美国心理学会将信度定义为“测量结果免受误差影响的程度”（American Psychological Association, 1985）。在测量中，研究者用信度来评价结果的一致性、稳定性和可靠性，估计测量误差对整体测验的影响。内部一致性是估计信度系数的重要方法，其中最常用的评价指标是针对李克特式量表开发的 Cronbach α 系数（Cronbach, 1951）。开发量表时，研究者会根据 Cronbach α 系数决定哪些项目最终进入量表。Cronbach α 系数的取值一般在 0.0~1.0 之间，如果系数为负值，且不可通过逆转分数取正时，可以删除该项目。在实际应用中，一般要求 Cronbach α 系数的值至少大于 0.70（Nunnally, 1978; Hinkin, 1998），但也有很多学者对 0.70 的标准值提出了质疑。罗伯特（2010）认为 Cronbach α 值低于 0.60 则不能接受，在 0.60~0.65 之间则不够理想，在 0.65~0.70 之间可以勉强接受，在 0.70~0.80 之间较好，在 0.80~0.90 之间非常好，远大于 0.90 则应考虑缩短量表。不同的研究类型对 Cronbach α 值要求也不尽相同。韩晓芸（2003）指出在探索性研究中，Cronbach α 值可以小于 0.7，但应大于 0.5。需要注意的一点是，Cronbach α 系数也并非越高越好，研究者应当注意平衡内部一致性与内容完整性之间的关系，当内部一致性不理想时，应首先检查项目的内容是否清楚，数量是否足够等。在量表开发阶段，建议追求更高一些的 Cronbach α 值，以保证将量表用于新的研究情境时，即使信度有所降低，也能处于可接受的标准之上。

（五）调整量表长度

通过信度检验之后，项目池中可能会包含数量较多的项目。过多的项目不利于被试者的填写，因此我们需要对量表长度进行适当调整。调整量表长度可以参考几个指标：第一，应考虑排除那些对内部一致性贡献最小的项目，删除后对 Cronbach α 系数产生最小负面影响或最大正面影响的项目通常是删除项目的最佳选择。第二，项目—量表相关系数最低的项目和多元复相关平方最低的项目也是考虑删除的对象。在优化量表长度时，必须为 Cronbach α 系数留有一定的安全余量，防止将量表用于另一组样本上时可能产生的 Cronbach α 值降低。

## 第二节 精益服务量表项目的设计与内容评价

虽然第四章识别出的精益服务五维度在现有文献中有所提及，并且有一些维度已经有了较为成熟的测量量表，如 SERVQUAL 量表中就有测量“移情性”的成熟量表。但是在对精益服务顾客感知的内容分析过程中，本研究发现顾客对精益服务每一维度的具体感知与现有研究皆有一定的差异，现有测量量表并不能准确全面地测量出精益服务每一项特征的实际表现。基于此，本节将以顾客对精益服务的感知评价内容分析为核心，设计编写精益服务量表的问项池，并评价各问项的内容效度。

### 一、构念说明

量表开发的前提是要对待测构念有一个健全的概念规范（Churchill, 1979）。本研究所要测量的构念是精益服务，李中（2010）将精益服务定义为“以情感价值为核心，以个性化体验为主要形式的服务”，王潇（2011）将精益服务定义为“从顾客视角出发，以提供差异化服务、创造情感价值来满足顾客个性需求为服务观念，通过员工组织支持、基于服务保障的组织建设、服务界面人性化等方式优化服务系统，整合服务资源，改进服务流程，并最终实现服务质量的持续改进”。本研究将顾客价值理论、服务生产力理论与优质服务理论相结合，通过探索性多案例研究及对顾客感知评价的内容分析将精益服务定义为：“在服务生产力的制约下，通过标准化服务与精益化体验的理想配比，最大程度地实现顾客价值的服务。”

在第四章中，本研究论证了顾客感知到的精益服务的五项基本特征，同时也是用以衡量精益服务的五个基本维度，即隐私性、响应性、移情性、舒适性和心理质量，并构建了顾客感知的精益服务五维度模型。在精益服务量表的开发中，本研究将以此模型作为基础，将每一项维度作为二级待测指标搭建测量体系的初始框架，并以各个维度的操作化定义对各待测构念进行说明，如表5.1 所示。在后续研究中，本研究还将对待测构念和模型进行不断修正与完善。

## 二、产生测量项目

本研究属于探索性研究，对精益服务这一构念的范围和内在结构尚缺乏明确的认知和权威的概念，对精益服务各维度的划分也是基于内容分析得出的初步假设，还需要进一步的验证，因此本研究采用了自现象入手分析描述内容的归纳法模式发展测量项目。

表 5.1 精益服务量表的构念说明

| 测量指标 | | 构念说明 |
|---|---|---|
| 一级指标 | 精益服务（FS） | 在服务生产力的制约下，通过标准化服务与精益化体验的理想配比最大程度地实现顾客价值的服务 |
| 二级指标 | 隐私性 | 强调对顾客隐私的尊重程度，如能否保证服务场所的私密性、服务人员能否充分尊重顾客隐私、对顾客信息能否严格保密等 |
| | 响应性 | 反映服务人员的服务积极性和主动性，如能否积极回应顾客需求，能否主动为顾客解决问题 |
| | 移情性 | 反映顾客与服务人员在接触中的礼貌、尊重、理解、关心、友好、主动等态度和由此产生的愉悦的情绪反应，体现为愉快的交流、尊重并满足顾客的个性化需求 |
| | 舒适性 | 对顾客的视觉、嗅觉、听觉、触觉等感官产生影响的有形展示和环境氛围，强调所有元素在功能、氛围和美观上的和谐统一 |
| | 心理质量 | 反映顾客在服务中获得的社交、尊重和自我实现等高层次心理需求方面的满足和自我认同，如接受该企业服务是某种身份和地位的象征 |

资料来源：本研究设计。

1. 建立项目池

质化研究方法是探索性研究的有效方法。约翰斯顿（Johnston）对卓越服务的界定和描述就是通过对 150 多名被试者的 400 多条陈述的扎根研究得出的（Johnston, 2004）。本研究借鉴约翰斯顿（Johnston）的方法，通过对 200 多名被试者的 259 条陈述进行内容分析编写初始问项。为了保证数据的完整性、全面性和真实性，本研究以第四章中 8 家服务企业 200 多名顾客的服务评价为基础，根据顾客对每一项维度的评价归纳发展测量项目，建立项目池。由于在内容分析中存在一定的项目冗余，而适度冗余正是量表开发中所需要的。罗伯特（2010）指出适度冗余有利于保证量表信度，池中项目应是量表可包括项目的 3 ~ 4 倍。因此，本研究在归纳发展测量项目时保留了这些冗余，最终形成了由 70 个项目组成的问项池。

2. 决定项目形式

在目前的中国管理研究中，最为普遍的数据收集方式就是问卷法（Li & Tsui, 2002），高质量的问卷是保证数据质量和实证结果的重要前提。问卷设计不仅是一项技术，更是一门艺术，不同的提问方式和语句表达可能会让被试者做出完全不同的回答，从而对研究结论产生重大影响。一份好的问卷应当符合以下要求：

（1）将所需要的信息转化成为一组被试者能够并且愿意回答的问题。很多看似简单的问题却往往难以清晰回答，表现为大多数被试选择“不清楚”或“一般”的选项，反映在李克特 5 级量表中即问项众数为 3。在此种情况下，即使被试者做出了回答，提供的信息也往往是不准确的。

（2）易于回答，便于获得被试者的注意与合作。一份好的问卷应当尽可能简洁明了，减少被试者的疲劳和厌倦情绪，尽量避免冗长枯燥，便于被试者作答，尽可能降低拒答率和不完整率。

（3）有效控制误差和成本。好的问卷能够提高问卷填写的速度和准确性，减少填写、编码和数据录入的误差，便于数据处理。

本研究采用李克特 5 级量表的项目形式，题干采用陈述语句，用以测量每一个待测构念的水平。在问项的表达方式上，本研究尽量采用顾客的评价原意和表述方式，一是能够最真实地反映顾客评价，避免抽象过程中的信息失真；二是能够以顾客熟悉的表述方式呈现问项，减少顾客在填答过程中的理解难度。为了保证问卷的一致性和出于数据统计的考虑，本研究没有设计反向问项。

综上，为了确保问卷质量，本研究在问卷设计中严格遵循以下原则：

（1）紧扣主题：紧密围绕研究主题，避免无关或关系不大的问题。

（2）通俗易懂：以被试者的身份设计问项，力求简便易懂，有趣易填。

（3）结构合理：层次清晰，循序渐进，富有逻辑性，避免思维大幅度跳跃。

（4）便于汇总：设计问卷时充分考虑填写、编码、录入和分析等后续环节。

3. 确定项目数量

在第四章中，本研究共提炼出精益服务具有的5个关键维度，每一个维度又包含若干具体表现形式。在问项池的建立过程中，本研究以每一个维度的每一种具体表现形式为基础发展测量项目，用不同的表述方式表达测量项目，最终形成包括5个维度，70个测量项目在内的项目池。

## 三、评价内容效度

项目池建立之后，本研究邀请相关专家对池中项目进行了最初评审。专家评审由11位专家组成，其中有2位教授、2位副教授、2位讲师和5位博士研究生。他们都是服务研究领域的学者，对精益服务有着浓厚的兴趣，且大部分都是精益服务研究团队的成员。本研究首先将准备好的关于待测构念的工作定义提供给专家组的每位成员，然后请他们据此评估每个项目与测量构念的关联性、判断项目是否涵盖了该构念的理论边界、是否与构念定义之间一一对应。同时请他们指出所有表述不清或措辞蹩脚的项目，并提出具体的措辞建议。针对各位专家提出的意见，本研究与各位专家又进行了逐条的斟酌和修改，通过一系列的修改、删减、增添、合并等工作，形成了一组经过专家评审并适当修改的项目，项目池由最初的70个测量项目调整为47个测量项目，如表5.2

所示。

在专家评审之后，本研究又对每一个问项逐一进行了文字润色，确保问项易于理解，没有歧义。为了便于填答，每一问项字数尽量控制在30字以内。初始问卷形成之后，本研究邀请10人试答，平均填答时间248秒，填答质量较高，基本满足进行抽样测试的条件。

表5.2 精益服务量表的前测问项

| 待测构念 | 前测问项 |
|---|---|
| 隐私性 | A1. X公司会严格确认和核实顾客身份 |
| | A2. X公司的服务人员从不跟我谈论其他客人的情况 |
| | A3. 我在X公司很少听到服务人员之间谈论其他客人 |
| | A4. X公司房间具有良好的隔音效果 |
| | A5. X公司的服务空间具有良好的私密性 |
| | A6. X公司对顾客的个人信息严格保密 |
| | A7. X公司的服务人员尊重顾客隐私，没有需要不会轻易打扰 |
| | A8. 我在X公司不会接到骚扰电话 |
| | A9. X公司会对我在服务场所的信息安全负责 |
| 响应性 | B1. X公司总是能快速接听顾客电话 |
| | B2. 当我提出要求时，X公司总是能快速做出反应 |
| | B3. 当我提出疑问时，X公司总是能快速做出解答 |
| | B4 当服务出现问题时，X公司总是能快速处理问题 |
| | B5. 当我遇到困难时，服务人员总是愿意主动帮助我 |
| | B6. X公司的响应速度很快，会让我感到惊讶 |
| | B7. X公司能够提供快速预约等及时服务 |
| | B8. X公司有预约排队系统，能够减少我因排队而耽误的时间 |
| | B9. X公司能快捷地处理顾客投诉或抱怨 |

续表

| 待测构念 | 前测问项 |
| --- | --- |
| 移情性 | C1. X 公司的服务人员是礼貌的<br>C2. X 公司的服务人员是热情的<br>C3. 与 X 公司的服务人员交流是愉快的<br>C4. X 公司的服务人员总是能主动关心顾客<br>C5. X 公司的服务人员总是能为我提供合理建议<br>C6. X 公司的服务人员总是能给予我特别的关心<br>C7. X 公司能够根据我的情况提供个性化的服务<br>C8. X 公司的服务人员能够知晓我的喜好<br>C9. 我在 X 公司能够感受到惊喜 |
| 舒适性 | D1. X 公司的建筑外形是美观或富有特色的<br>D2. X 公司的服务场所是精致美观的<br>D3. X 公司陈列的装饰是精美的<br>D4. X 公司的房间是宽敞明亮的<br>D5. X 公司的房间布局是合理实用的<br>D6. X 公司的用品与器具是齐全的<br>D7. X 公司的用品与器具是精美优质的<br>D8. X 公司的有形设施对我是具有吸引力的<br>D9. X 公司的有形设施与其品牌相匹配<br>D10. X 公司的温度是适宜的<br>D11. X 公司是整洁干净的<br>D12. X 公司的官方网站是便于用户浏览和操作的 |
| 心理质量 | E1. X 公司有良好的品牌声誉<br>E2. 很多高端人士都会选择 X 公司<br>E3. X 公司经常接待政商界名人或明星<br>E4. 在 X 公司消费是一种身份或地位的象征<br>E5. X 公司在该行业内很有名<br>E6. 我对 X 公司很向往<br>E7. 在各类网站和社区上，顾客对 X 公司的评价或点评很高<br>E8. 我认为 X 公司的服务与品牌名副其实 |

资料来源：本研究设计。

## 第三节　精益服务量表项目的测试与分析

经过专家评审，初步形成由 5 个维度 47 个项目组成的精益服务（FS）量表。在本节中，本研究将抽取样本测试项目，根据调研数据对精益服务量表进行项目分析和探索性因子分析（EFA），逐个甄别各项指标，对量表进行进一步的检验和筛选，初步检验量表的内部因子结构，确定测量项目，构建精益服务量表。

### 一、样本基本情况

本研究将待测问项用李克特 5 级量表的陈述句形式编写成问卷进行样本测试。在样本测试中，研究者通过网络调查平台随机发放了 200 份问卷，回收问卷 188 份，回收率达到 94%，其中有效问卷 146 份，有效问卷回收率达 78%。样本来自全国 19 个省份，其中具有本科及以上学历的有 96.73%。

在样本性别方面，被试中男性与女性的比例相当，尽可能地降低了由性别引起的评价差异。在年龄和受教育水平方面，具有本科及以上学历的达到 96.73%，且 26~35 岁人群所占比重最大，表明大部分被试接受过高等教育，且较为年轻。这一方面保证大部分被试能较准确地理解问项的内容,减少由于语言造成的误差；另一方面这些人群通常具有鲜明的消费特点,易于接受新生事物，对服务需求比较旺盛，重视服务体验，对服务的感知也常常具有独特的观点。在收入水平方面，近 80%的被试处于中高等收入水平，表明大部分被试具有一定的服务消费水平和消费能力，是广大服务企业的目标客户群体。

## 二、描述性统计分析

在描述性统计分析中，主要对各问项的评分进行众数和标准差的分析，通过观察众数、众数频率以及标准差判断该问项是否可以被被试者理解填答。在通常情况下，若某一问项众数为 3，即“不清楚”，且频率超过 30%，说明大部分被试不能理解该问项或无法填答该问项，故应当剔除。对于众数为 3，但频率小于30%的问项，可以暂且保留，参考后续分析结果再做进一步考虑。

根据上述原则，本研究确定了严格的项目描述性统计筛选标准：

标准 1：若某问项众数不为 3，或众数频率小于 30%，则暂时保留该问项。

标准 2：若某问项众数为 3，且众数频率大于 30%，则删除该问项。

标准 3：若某问项众数为 3，但众数频率小于 30%，且标准差大于 1，则暂时保留该问项以作进一步考察。

根据上述标准，运用 SPSS16.0 对各问项进行描述性统计。在 47 个问项中，7 个问项因符合标准 2 设定的条件而被删除，另有 2 两个问项因符合标准 3 设定的条件而被暂时保留以备进一步考察，其余问项皆符合标准 1 而予以暂时保留。

## 三、项目分析

### （一）项目决断值与 t 检验

精益服务量表由测量精益服务 5 种维度的 5 个子量表组成，在项目分析时应将每一子量表分别进行统计分析，计算各问项的统计指标。

1. 计算各子量表总分：将有效问卷中每一位被试填答的各项得分加总，分别求出被试者在各子量表上的总分，并生成新的变量，命名为“总分**”[①]。

2. 确定高低分组的临界值：将被试数据按照“总分**”进行从高到低的排序，找出排名前 27%[②]和排名后 27%的被试者的得分，作为高低分组的临界值。本研究共回收 146 份有效问卷，故将“总分**”由高到低排序时第 39 名被试的总得分作为各子量表高分组的临界值；总分由低到高排序时第 39 名被试的总得分作为各子量表低分组的临界值，如表 5.3 所示。

**表 5.3 FS 各子量表高低分组的临界值及组别个数**

| 子量表待测维度 | 高分组临界值 | 高分组个数 | 低分组临界值 | 低分组个数 |
| --- | --- | --- | --- | --- |
| A. 隐私性 | 41 | 44 | 33 | 39 |
| B. 响应性 | 40 | 43 | 33 | 49 |
| C. 移情性 | 37 | 44 | 29 | 39 |
| D. 舒适性 | 55 | 39 | 43 | 41 |
| E. 心理质量 | 32 | 43 | 24 | 44 |

数据来源：本研究根据 SPSS16.0 分析所得。

3. 进行高低分组：确定了各子量表高低分组的临界值之后，将样本按照临界值进行高低分组的编码：将水平数值 1 设定为高分组临界值以上的观察值，水平数值标记为“高分组”；水平数值 2 则为低分组临界值以下的观察值，水平数值标记为“低分组”。分组后各子量表高分组与低分组的个数如表 6.5 所示。在高低分组的个数上，虽然高低分组的被试数各占被试总数的 27%，理论上应当相等。但由于存在不同被试总得分相同的情况，因此以临界值进行分割时，会出现高低分组人数不同的情况。在项目分析

① **为各子量表编码，其中隐私性为 A，响应性为 B，移情性为 C，舒适性为 D，心理质量为 E。

② 标准参见吴明隆. 问卷统计分析实务. 重庆大学出版社，2010：160.

中，高低分组个数不同的情形也比较普遍（吴明隆，2010）。

4. 独立样本 t 检验：独立样本 t 检验的目的是为了检验高低分组中各问项测量值的平均数的差异值是否显著，以便判断量表中各题项的平均分是否会受到高低分组的影响。SPSS 会计算输出两种不同的 t 统计量值，分别为“假设方差相等”的 t 值和“不假设方差相等”的 t 值。在判断问项的 t 值时，需要首先判断高低分组的方差是否相等。计算输出结果中 Levene 检验的 F 统计量及其显著性能够判断高低分组的方差是否相等。在 95%的显著性水平下，若 F 统计量的显著性小于 0.05，表示高低分组的方差不相等，该问项的决断值为“不假设方差相等”的 t 值；若 F 统计量的显著性高于 0.05，则表明高低分组的方差相等，该问项的决断值为“假设方差相等”的 t 值。对比 F 统计量及 t 统计量，得到各子量表中每一问项的决断值。

在量表项目分析中，一般将决断值标准设为 3，较严格的判别标准可以设为 3.5。本研究采用 3.5 的标准值，若问项高低分组差异的 t 统计量小于 3.5，则表示该问项在高低分组之间差别不大，缺乏鉴别度，可以考虑删除。统计结果显示各问项决断值均显著高于 3.5。

（二）相关性检验

除了将决断值作为项目分析的指标之外，相关性检验也是项目分析的另一个指标。相关性检验一般通过两项指标估计，一个是“项目—量表”相关，另一个是“校正项目—量表相关”。“项目—量表”相关表示每一个问项与量表总体的相关性，在本研究中反映为各子量表中，每一个问项与其对应的“总分**”变量的相关系数上。问项与“总分**”变量的相关性越高，表明该问项与整体量表的同质性就越高。如果某一问项与“总分**”变量之间的相关系数不显著，或两者的相关系数小于 0.4，则表示该问项与整体量表的同质性不高，最好删除（吴明隆，2010）。“校正项目—量表相关”考察每个项目与除它之外的剩余项目整体的相关性，通常在该系数上得分较高的项目会优于得分较低的项目。如果“校正项目—量表相关”的系数小于0.4，表示该问项与其余问项相关性较低，与其他问项所要测量的变量同质性不高（吴明隆，2010）。

## 四、同质性检验

（一）信度检验

信度是衡量量表内部一致性的重要指标。对问项进行信度检验的目的是检验各独立量表中某一个问项删除后，整体量表的信度变化情况。本研究采用Cronbach α系数估计量表的信度，量表Cronbach α系数值越高，表示其信度越高，测量误差值越小。一份信度理想的量表，每一个待测构念的量表Cronbach α系数至少要在0.8以上（吴明隆，2010）。美国统计学家约瑟夫（Joseph）等认为，Cronbach α值大于0.7表明数据可靠性较高，在探索性研究中，Cronbach α值可以小于0.7，但应大于0.5。[①] Cronbach α系数要以每一个待测构念作为子量表分别计算，不能估计整份量表的信度系数。本研究假设精益服务有5个维度，各维度量表的Cronbach α系数值均在0.85以上，具有较好的内部一致性。

“问项删除后 Cronbach α 系数”表示删除该问项后量表Cronbach α系数的变化情况。理想情况下量表的Cronbach α系数与问项数量呈正相关，如果删除某个问项，Cronbach α系数会相对变小。如果删除某个问项后Cronbach α系数反而变大，说明该问项与测量该构念的其他问项性质不同，可以考虑删除。如果删除问项后Cronbach α系数不变，说明该问项对内部一致性的影响

① 韩晓芸，汪纯孝. 服务性企业顾客满意感与忠诚感关系. 北京：清华大学出版社，2003：55~56.

不强，也可以考虑删除。

（二）内部结构检验

量表内部结构的检验主要通过共同性与因子载荷量两个指标获得，通常采用探索性因子分析，目的是确保各问项对所测量维度的单一指向性。共同性表示问项解释共同特质或属性的程度，共同性越高，表示对所测维度的指向性越高。共同性较低的问项与量表的同质性较少，可以考虑删除。因子载荷量表示问项与所测变量的关系程度，因子载荷越低，表明问项与共同因素的关系越不密切，同质性越低。凯撒（Kaiser，1974）认为当 KMO 小于 0.5 时，不适宜进行因子分析。Bartkett 球体检验的统计值显著性概率小于或等于显著性水平时，可以作因子分析。本研究假设了 5 个测量维度，分别进行内部结构检验。

结果显示各待测维度的 KMO 值均在 0.80 以上，达到良好水平，且 Bartkett 球体检验达到显著性水平，解释方差百分比皆高于 45%，表明各问项之间存在共同因素。计算各问项的共同性与因子载荷量，计算结果如表 5.4 所示。一般而言，若共同性值低于 0.2，因子载荷量小于 0.45，表示该题项与共同因素关系不密切，考虑删除。

## 五、调整量表长度

（一）根据项目分析结果调整量表长度

通过对各问项一系列指标的检验分析，共删除未达到指标标准的 11 个问项，删除标准为：

1. 在描述性检验中，众数=3 且频率≥30%的问项直接予以删除。

2. 在极端组比较中，决断值＜3.5 的问项直接予以删除。

3. 在相关性检验中，问项与量表相关＜0.4 或不显著，或校正问项与量表相关＜0.4 的问项直接予以删除。

4. 在同质性检验中，删除问项后 Cronbach α 系数大于对应的 Cronbach α 系数、共同性＜0.200 或因子载荷量＜0.450 的问项直接予以删除。

（二）二次甄别优化量表长度

删除不符合指标标准的 11 个问项后，剩余 36 个问项。罗伯特（2010）认为当 Cronbach α 系数远大于 0.90 时应考虑缩减量表，且问项数量过多不利于被试填写问卷，因此本研究综合参考以下标准，在保有 Cronbach α 系数安全余量的前提下，对各个维度的问项进行了进一步的删减与合并：

1. 删除"问项与量表相关"和"校正问项与量表相关"均较差的问项。

2. 删除对内部一致性贡献较小的问项，即删除后对 Cronbach α 系数产生最小负面影响的问项。

3. 删除因子分析中因子载荷量较小的问项。

4. 删除在相关性与同质性检验中表现均较差的问项。

5. 将语义上有包含关系，且对内部一致性贡献相当的问项进行合并。

其中，舒适性维度所含问项较多，且各问项在同质性检验中的表现相近，不宜直接删除。故通过对舒适性维度内部进行二次因子分析合并提炼出 3 个问项，并将有包含关系的问项进行合并，每一问项的变量值用所包含原问项的平均值表示。综合上述分析，精益服务量表问项前测各阶段分析指标及处理结果如表 5.4 所示。

**表 5.4 精益服务量表问项前测项目分析总表**

| 项目编号 | 众数和众数频率 | | 极端组比较 | 相关性检验 | | 同质性检验 | | | 处理结果 |
|---|---|---|---|---|---|---|---|---|---|
| | | | 决断值 | 问项与量表相关 | 校正问项与量表相关 | 问项删除后α系数 | 共同性 | 因子载荷量 | |
| 判断标准 | 众数≠3 或 频率<30% | | ≥3.5 | ≥0.4 且显著 | ≥0.4 | < 对应 α 系数 | ≥.200 | ≥.450 | |
| A1 | 4 | 45.2% | 7.267 | 0.598** | 0.495 | 0.883 | 0.340 | 0.583 | 删除 |
| A2 | 4 | 43.2% | 8.312 | 0.713** | 0.622 | 0.874 | 0.495 | 0.704 | 删除 |
| A3 | 4 | 37.7% | 7.529 | 0.607** | 0.488 | #0.885 | 0.329 | 0.573 | 删除 |
| A4 | 4 | 39.7% | 10.972 | 0.785** | 0.699 | 0.867 | 0.605 | 0.778 | 合并 |
| A5 | 4 | 42.5% | 11.712 | 0.821** | 0.764 | 0.862 | 0.707 | 0.841 | 保留 |
| A6 | 4 | 41.1% | 12.528 | 0.775** | 0.701 | 0.867 | 0.620 | 0.787 | 保留 |
| A7 | 4 | 43.8% | 11.368 | 0.803** | 0.747 | 0.865 | 0.686 | 0.828 | 保留 |
| A8 | 5 | 50.7% | 9.852 | 0.730** | 0.642 | 0.872 | 0.543 | 0.737 | 删除 |
| A9 | 4 | 41.1% | 9.618 | 0.693** | 0.600 | 0.876 | 0.473 | 0.688 | 合并 |
| B1 | 5 | 45.20% | 8.525 | 0.673** | 0.584 | 0.857 | 0.488 | 0.699 | 删除 |
| B2 | 5 | 48.6% | 9.416 | 0.813** | 0.745 | 0.841 | 0.720 | 0.849 | 保留 |
| B3 | 4 | 43.8% | 10.712 | 0.737** | 0.660 | 0.850 | 0.590 | 0.768 | 删除 |
| B4 | 4 | 45.2% | 9.416 | 0.789** | 0.716 | 0.844 | 0.657 | 0.811 | 保留 |
| B5 | 4 | 41.8% | 11.266 | 0.768** | 0.687 | 0.847 | 0.612 | 0.782 | 保留 |
| B6 | #3 | 37.0% | 10.382 | 0.659** | 0.592 | 0.856 | 0.437 | 0.661 | 删除 |
| B7 | 4 | 45.9% | 7.682 | 0.635** | 0.531 | 0.861 | 0.392 | 0.626 | 删除 |
| B8 | #3 | 37.0% | 7.348 | 0.498** | #0.333 | #0.885 | #0.158 | #0.398 | 删除 |
| B9 | 4 | 47.3% | 10.312 | 0.746** | 0.667 | 0.849 | 0.553 | 0.744 | 合并 |
| C1 | 5 | 61.0% | 6.046 | 0.531** | 0.436 | 0.850 | 0.365 | 0.605 | 删除 |

续表

| 项目编号 | 众数和众数频率 | | 极端组比较 | 相关性检验 | | 同质性检验 | | | 处理结果 |
|---|---|---|---|---|---|---|---|---|---|
| | | | 决断值 | 问项与量表相关 | 校正问项与量表相关 | 问项删除后α系数 | 共同性 | 因子载荷量 | |
| 判断标准 | 众数≠3 或频率<30% | | ≥3.5 | ≥0.4且显著 | ≥0.4 | <对应α系数 | ≥.200 | ≥.450 | |
| C2 | 5 | 48.6% | 7.249 | 0.615** | 0.528 | 0.843 | 0.471 | 0.686 | 合并 |
| C3 | 4 | 44.5% | 9.340 | 0.679** | 0.604 | 0.838 | 0.556 | 0.746 | 保留 |
| C4 | 4 | 35.6% | 14.715 | 0.824** | 0.757 | 0.818 | 0.736 | 0.858 | 保留 |
| C5 | 4 | 48.6% | 8.955 | 0.714** | 0.635 | 0.833 | 0.540 | 0.735 | 保留 |
| C6 | #3 | 37.0% | 10.605 | 0.757** | 0.669 | 0.828 | 0.583 | 0.763 | 删除 |
| C7 | #3 | 33.6% | 9.348 | 0.653** | 0.516 | 0.846 | 0.318 | 0.564 | 删除 |
| C8 | #3 | 28.8% | 9.438 | 0.655** | 0.505 | 0.850 | 0.307 | 0.554 | 删除 |
| C9 | #3 | 32.9% | 10.597 | 0.749** | 0.641 | 0.831 | 0.491 | 0.701 | 删除 |
| D1 | 5 | 35.6% | 9.502 | 0.656** | 0.582 | 0.932 | 0.419 | 0.647 | 删除 |
| D2 | 4 | 37.7% | 14.935 | 0.826** | 0.783 | 0.924 | 0.681 | 0.825 | DD1 |
| D3 | 5 | 33.6% | 16.415 | 0.845** | 0.807 | 0.923 | 0.717 | 0.847 | DD1 |
| D4 | 5 | 43.2% | 16.531 | 0.781** | 0.734 | 0.926 | 0.614 | 0.783 | DD2 |
| D5 | 4 | 44.5% | 9.949 | 0.770** | 0.724 | 0.927 | 0.611 | 0.781 | DD2 |
| D6 | 4 | 45.2% | 9.641 | 0.790** | 0.743 | 0.926 | 0.638 | 0.799 | DD3 |
| D7 | 4 | 38.4% | 12.798 | 0.828** | 0.785 | 0.924 | 0.678 | 0.823 | DD3 |
| D8 | 4 | 39.0% | 11.861 | 0.808** | 0.758 | 0.925 | 0.641 | 0.801 | DD3 |
| D9 | 5 | 42.5% | 10.930 | 0.798** | 0.753 | 0.925 | 0.646 | 0.804 | DD3 |
| D10 | 4 | 45.2% | 11.103 | 0.752** | 0.703 | 0.927 | 0.577 | 0.760 | DD2 |
| D11 | 5 | 51.4% | 9.758 | 0.726** | 0.679 | 0.929 | 0.544 | 0.738 | DD2 |
| D12 | 4 | 35.6% | 6.410 | 0.540** | 0.453 | #0.937 | 0.261 | 0.511 | 删除 |

续表

| 项目编号 | 众数和众数频率 | | 极端组比较 | 相关性检验 | | 同质性检验 | | | 处理结果 |
|---|---|---|---|---|---|---|---|---|---|
| | | | 决断值 | 问项与量表相关 | 校正问项与量表相关 | 问项删除后α系数 | 共同性 | 因子载荷量 | |
| 判断标准 | 众数≠3 或频率<30% | | ≥3.5 | ≥0.4 且显著 | ≥0.4 | < 对应α系数 | ≥.200 | ≥.450 | |
| E1 | 4 | 34.2% | 13.532 | 0.752** | 0.665 | 0.878 | 0.577 | 0.760 | 保留 |
| E2 | 4 | 33.6% | 12.812 | 0.805** | 0.735 | 0.871 | 0.667 | 0.816 | 保留 |
| E3 | #3 | 28.1% | 16.498 | 0.817** | 0.732 | 0.872 | 0.675 | 0.822 | 删除 |
| E4 | 4 | 30.8% | 12.576 | 0.840** | 0.776 | 0.866 | 0.718 | 0.847 | 保留 |
| E5 | #3 | 39.0% | 13.050 | 0.861** | 0.805 | 0.864 | 0.755 | 0.869 | 删除 |
| E6 | #3 | 34.9% | 10.771 | 0.766** | 0.680 | 0.876 | 0.578 | 0.760 | 删除 |
| E7 | 4 | 45.2% | 7.011 | 0.593** | 0.492 | 0.892 | 0.330 | 0.575 | 删除 |
| E8 | 4 | 46.6% | 7.287 | 0.552** | 0.443 | 0.896 | 0.278 | 0.527 | 删除 |

注：#为不合格指标。

数据来源：本研究根据 SPSS16.0 分析所得。

在对量表进行二次甄别优化后，量表问项缩减为 15 个，长度较为理想。为确保量表的内部一致性，并初步确定因子结构，本研究分别进行了信度检验和探索性因子分析，统计结果显示各维度的 Cronbach α 值均大于 0.70，提取公因子后每一问项的因子载荷均大于 0.80，证明量表具有较好的信度水平，并初步验证了 5 维度的因子结构。

综上，本研究开发了由 5 个维度 15 个问项组成的顾客感知的精益服务测评量表，如表 5.5 所示。在下一章中，本研究将通过两项独立研究对精益服务量表的有效性进行较为全面的检验。

表 5.5 精益服务量表的测量问项

| 待测构念 | 测量问项 |
| --- | --- |
| 隐私性 | AA1. X 公司的服务空间具有良好的私密性<br>AA2. X 公司对顾客的信息严格保密<br>AA3. X 公司的服务人员尊重顾客隐私，没有需要不会轻易打扰 |
| 响应性 | BB1. 当我向公司提出要求时，X 公司总是能快速做出反应<br>BB2. 当服务出现问题时，X 公司总是能快速处理问题<br>BB3. 当我遇到困难时，X 公司的服务人员总是愿意主动帮助我 |
| 移情性 | CC1. 与 X 公司的服务人员交流是愉快的<br>CC2. X 公司的服务人员总是能主动关心顾客<br>CC3. X 公司的服务人员总是能为我提供合理建议 |
| 舒适性 | DD1. X 公司的服务场所是精致美观的<br>DD2. X 公司的服务场所让我感到非常舒适<br>DD3. X 公司的有形设施对我是有吸引力的 |
| 心理质量 | EE1. X 公司有良好的品牌声誉<br>EE2. 很多高端人士都会选择 X 公司<br>EE3. 在 X 公司消费是一种身份或地位的象征 |

资料来源：本研究设计。

# 第六章 精益服务量表的有效性检验

本研究通过一系列步骤开发了由 5 个维度 15 个问项组成的精益服务量表。在本章中，本研究将通过先后两个独立研究检验精益服务量表的有效性。在研究一中，本研究通过 377 名被试者的样本对精益服务量表进行了验证性因子分析（CFA）和构念效度检验，并采用 AVE 和二阶验证性因子分析分别检验了精益服务量表的区分效度和汇聚效度。在研究二中，本研究引入顾客情感与顾客忠诚作为效标变量，通过 220 名被试者的样本分别检验了精益服务量表的增加效度和法则效度。

## 第一节 测量项目与因子结构检验

### 一、数据收集与样本描述

本研究将测量问项用李克特 5 级量表的陈述句形式编写成问卷，并采用随机抽样的方式通过网络平台、邮寄与现场发放问卷三种渠道收集调研数据，在两个月内发放问卷 500 份，回收问卷 453 份，其中有效问卷 377 份，回收率与有效率分别达到 90.6%

与 83.2%。

问卷的主旨是请被试者回忆一次最美好的服务体验，并根据此次体验进行填答。问卷内容分为两个主要部分。第一部分是对被试者基本情况的考察，由被试者个人基本信息和服务行业与企业基本信息组成。被试者个人基本信息包括性别、年龄、受教育程度、收入水平和区域分布情况；服务行业与企业基本信息包括为被试者留下美好服务体验的服务企业所属的区域、行业与档次。

在对样本基本情况的描述性统计中，本研究对被试者的个人基本信息和服务企业信息分别进行了分析。在样本性别方面，被试中男性与女性的比例相当，尽可能降低由性别引起的评价差异。在年龄方面，55 岁以下各年龄阶段分布比较均衡，其中 26 岁到 55 岁的被试者占到 71.05%。这部分人群是社会生产的主要人群，通常有较好的收入来源，是服务消费尤其是中高档服务消费的主要人群。在受教育水平方面，具有大专及以上学历的达到 97.35%，表明大部分被试接受过高等教育，不存在文字和语言理解障碍，且能较准确的理解问项的内容，减少因理解造成的误差。在收入水平方面，约 84%的被试者处于中高等收入水平，其中月收入在 6000 元以上的达到 50.5%，表明大部分被试具有较高的服务购买能力，服务需求也通常较为旺盛。在地域分布上，除研究者所在的天津市外，被试者在北京、上海、广州、山东等省市分布较为均衡，在我国中部、东部、西部、北部和南部皆有分布，表明样本具有较广泛的地域分布性，能够较好地减少由样本地域差异所引起的误差。

第二部分是为被试带来“美好服务体验”的服务企业基本情况，服务企业所属的城市分布比较分散，其中被提及较多的有上海、广州、杭州、成都和深圳。这些城市大多位于我国东部和南部地区，经济发展较快，居民生活水平较高，服务业也较发达，表明样本情况与我国服务业发展的地域分布特征基本吻合。在服务企业所属行业方面，餐饮娱乐与酒店住宿的比重最大，达到45.09%，游览与休闲紧随其后，达到12.2%，购物（8.75%）与美容美发（8.49%）所占的比重也较高。从服务企业所属的行业分布可以看出，与顾客人际接触程度较高的高接触服务行业所占的比重较大。在其他服务行业中，银行、保险等金融服务占比7.69%，航空与交通服务占比5.57%，高于教育与培训（2.92%）、医疗与健康（3.45%）、咨询与策划等专业服务（2.12%）以及摄影摄像服务（3.45%）等。在服务企业的档次方面，经济型服务企业、中档服务企业与高档服务企业所占的比重以十个百分点的距离依次升高，表明在同等情况下，档次越高的服务企业越有可能为顾客带来美好的服务体验。然而经济型服务企业的占比达到23.34%，这也表明为顾客提供美好的服务体验并不是高档服务企业的专利，经济型服务企业与中档服务企业也能为顾客提供美好的服务体验。

综合上述分析，样本在被试者的个人特征与服务企业基本情况两方面的表现均较好，在各方面的分布均较为均衡，与客观现实也较吻合，样本具有较好的代表性与全面性。

## 二、信度检验与探索性因子分析

### （一）信度检验

本研究首先对精益服务量表进行了信度检验，以观察量表是否具有较好的内部一致性，并判断各问项对量表信度的贡献程度，即是否存在删除后会改善量表信度的问项。美国统计学家约瑟夫（Joseph）等认为，Cronbach α值大于0.7表明数据可靠性较高，在探索性研究中，Cronbach α值可以小于0.7，但应大于0.5。本研究虽是探索性研究，但为了保持一定的信度安全余量，故采用0.7的评价标准。

本研究采用SPSS16.0对各子量表进行了信度检验，计算各子量表的 Cronbach α 系数。结果显示，各子量表的 Cronbach α 系数均在 0.70 以上，且删除各问项后都会造成子量表信度的明显降低，表明量表具有较好的内部一致性。

（二）探索性因子分析（EFA）

本研究首先对样本数据进行了探索性因子分析，通过考察提取公因子后各问项的因子载荷初步检验量表的因子结构。

**表 6.1 FS 量表各问项的因子载荷**

| | A<br>隐私性 | B<br>响应性 | C<br>移情性 | D<br>舒适性 | E<br>心理质量 |
|---|---|---|---|---|---|
| A1 | 0.758 | | | | |
| A2 | 0.866 | | | | |
| A3 | 0.813 | | | | |
| B1 | | 0.818 | | | |
| B2 | | 0.878 | | | |
| B3 | | 0.809 | | | |
| C1 | | | 0.782 | | |
| C2 | | | 0.871 | | |
| C3 | | | 0.805 | | |
| D1 | | | | 0.861 | |
| D2 | | | | 0.863 | |
| D3 | | | | 0.830 | |
| E1 | | | | | 0.802 |
| E2 | | | | | 0.860 |
| E3 | | | | | 0.840 |

数据来源：本研究根据 SPSS16.0 分析所得。

如表 6.1 所示，本研究采用 SPSS16.0 对所有问项进行探索性因子分析，KMO 值为 0.882，高于 0.5，Bartkett 球体检验的统计值显著性概率小于显著性水平，表明量表适合进行因子分析。统计结果共提取 5 个公因子，公因子对应的问项与各子量表包含的问项吻合，且各问项的因子载荷均高于 0.75，解释方差百分比达到 70.446%，初步验证了量表的 5 维度因子结构。

## 三、因子结构检验

### （一）验证性因子分析

在理论构建与发展的过程中，应当先使用探索性分析建立模型，再通过验证性分析对模型的拟合情况进行验证（Anderson, 1988）。与探索性因子分析相比，验证性因子分析（CFA）是一种理论驱动的因子分析技术（邱皓政，2003），可以帮助研究者了解问卷中各问项与其对应因子之间的从属关系是否成立，判断问项是否存在归属错误的问题，在量表编制中十分有用（侯杰泰，2004）。本研究首先采用结构方程模型对量表进行 CFA 分析，计算了精益服务量表各问项的标准化因子载荷。一般来说，标准化因子载荷应当在 0.6 或以上，如果小于 0.5，对应的问项则应当考虑删除（侯杰泰，2004）。结果显示各问项的标准化因子载荷均在 0.60 以上，标准误均小于 0.06，证明各潜变量对观测变量的解释率较大，误差率较小，精益服务量表具有较好的测量属性。

此外，考虑到在组合量表中采用 Cronbach α 系数考察量表信度可能会出现低估现象，且在 CFA 框架下更适合采用组合信度计算量表的内部一致性程度（Raykov, 2004; Zumbo et al., 2007; Bentler, 2009），故本研究还利用各问项的标准化因子载荷对各因子进行了组合信度检验。结果显示各因子的组合信度值均大于 0.70，证明量表具有较好的内部一致性，如表 6.2 所示。

### （二）比较备择模型

在运用结构方程模型检验量表的因子结构时，需要考虑除假设模型之外的多种备择模型，并通备择模型与假设模型的对比判断量表的因子结构，验证研究模型，同时证明假设模型优于其他备择模型。

**表 6.2 精益服务量表各问项的标准化因子载荷、标准误和组合信度检验**

| 子量表测量维度 | 测量项目 | 标准化因子载荷 | 标准误 | 组合信度 |
|---|---|---|---|---|
| A. 隐私性 | A1 | 0.625 | 0.047 | 0.75 |
| | A2 | 0.786 | 0.050 | |
| | A3 | 0.714 | 0.050 | |
| B. 响应性 | B1 | 0.694 | 0.049 | 0.79 |
| | B2 | 0.803 | 0.047 | |
| | B3 | 0.731 | 0.052 | |
| C. 移情性 | C1 | 0.640 | 0.044 | 0.76 |
| | C2 | 0.806 | 0.050 | |
| | C3 | 0.709 | 0.048 | |
| D. 舒适性 | D1 | 0.776 | 0.046 | 0.81 |
| | D2 | 0.787 | 0.044 | |
| | D3 | 0.739 | 0.050 | |
| E. 心理质量 | E1 | 0.678 | 0.049 | 0.78 |
| | E2 | 0.807 | 0.048 | |
| | E3 | 0.733 | 0.052 | |

数据来源：本研究根据 AMOS17.0 分析所得。

本研究的假设模型为精益服务的五因子模型，五因子分别为隐私性、响应性、移情性、舒适性和心理质量。在理论、经验及对测量问项具体内容的综合考虑下，本研究比较了假设模型及另外 8 种备择模型，并分别计算了各备择假设的拟合指数。

本研究采用 AMOS17.0 对模型进行拟合验证，分别选取指标 CMIN/df 和 RMSEA 评价模型的绝对适配度，指标 NFI、IFI 和 CFI 评价模型的增值适配度，指标 PNFI 和 PCFI 评价模型的简效适配度，各指标评价标准如表 6.3 所示。

**表 6.3 结构方程模型拟合指标标准值**

| 拟合指标 | | 标准值 | 结论 |
|---|---|---|---|
| 绝对适配度 | CMIN/df | ＜2.0 | 理想 |
| | | 2.0~5.0 | 比较理想 |
| | RMSEA | 0.05~0.1 | 比较理想 |
| | | ＜0.05 | 理想 |
| 增值适配度 | NFI | 0.8~0.9 | 比较理想 |
| | | ＞0.9 | 理想 |
| | IFI | ＞0.9 | 理想 |
| | CFI | ＞0.9 | 理想 |
| 简效适配度 | PNFI | 0.5~0.9 | 比较理想 |
| | | ＞0.9 | 理想 |
| | PCFI | 0.5~0.9 | 比较理想 |
| | | ＞0.9 | 理想 |

资料来源：本研究整理。

根据上述评价指标，结合软件分析结果，本研究对比了假设模型与其他 8 种备择模型的各项拟合指标值，如表 6.4 所示。CFA 分析结果显示假设模型，即五因子模型（CMIN/df=1.996，RMSEA=0.051，NFI=0.929，IFI=0.963，CFI=0.963，PNFI=0.619，PCFI=0.642）各项指标均在比较理想或理想范围内，显著优于其余各备择模型的拟合指标值，验证了精益服务量表的五因子结构。

表 6.4 精益服务量表因子结构的 CFA 分析

| 拟合指标 | 单因子模型 | 双因子模型 | | 三因子模型 | | | 四因子模型 | | 五因子假设模型 |
|---|---|---|---|---|---|---|---|---|---|
| | | 1 | 2 | 1 | 2 | 3 | 1 | 2 | |
| CMIN/df | 7.716 | 5.377 | 7.367 | 4.491 | 4.663 | 5.154 | 2.836 | 4.406 | 1.996 |
| RMSEA | 0.133 | 0.108 | 0.130 | 0.096 | 0.099 | 0.105 | 0.070 | 0.095 | 0.051 |
| NFI | 0.692 | 0.788 | 0.709 | 0.827 | 0.820 | 0.801 | 0.894 | 0.836 | 0.929 |
| IFI | 0.721 | 0.820 | 0.739 | 0.860 | 0.853 | 0.833 | 0.929 | 0.868 | 0.963 |
| CFI | 0.717 | 0.818 | 0.735 | 0.858 | 0.851 | 0.831 | 0.928 | 0.866 | 0.963 |
| PNFI | 0.519 | 0.584 | 0.526 | 0.599 | 0.595 | 0.581 | 0.626 | 0.585 | 0.619 |
| PCFI | 0.538 | 0.606 | 0.545 | 0.622 | 0.617 | 0.602 | 0.649 | 0.606 | 0.642 |

数据来源：本研究根据 AMOS17.0 分析所得。

## 第二节 构念效度检验

### 一、CFA 检验

在检验精益服务量表的因子结构之后，本研究将继续使用研究一的样本对精益服务量表的构念效度进行检验。构念效度（Construct Validity）是量表有效性检验的重要指标，是指某一变量与其他变量之间存在的理论上的关系（Cronbach & Meehl, 1995）,是待测构念应该反映出的与其他已经确立的构念之间关系的程度（罗伯特，2004）。传统的构念效度检验方法常用多质多法矩阵（Mtmm, Multi-trait Multi-method Matrix），但近年来验证性因子分析（CFA）被更多的用来检验量表的构念效度（李海，2010）。

（一）描述性统计与简单相关

本研究首先使用 SPSS16.0 和 AMOS17.0 对精益服务量表进

行了描述性统计和相关分析，如表 6.5 所示。分析结果显示在 0.05 的显著性水平下，各因子的标准差均在 0.75 以上，表明各子量表可以较好地衡量精益服务各维度之间的差异。各因子之间的相关系数在 0.38 与 0.71 之间，基本属于中度相关，初步表明精益服务量表各因子测量的是同一个潜变量，且各因子之间也存在较明显的差异。

**表 6.5　精益服务量表描述性统计与相关分析**

| 因子 | N | 均值 | 方差 | A | B | C | D |
|---|---|---|---|---|---|---|---|
| A. 隐私性 | 377 | 3.86 | 0.77 | ---- | | | |
| B. 响应性 | 377 | 3.89 | 0.79 | 0.640 | ---- | | |
| C. 移情性 | 377 | 3.92 | 0.76 | 0.620 | 0.709 | ---- | |
| D. 舒适性 | 377 | 3.98 | 0.77 | 0.582 | 0.599 | 0.628 | ---- |
| E. 心理质量 | 377 | 3.68 | 0.79 | 0.432 | 0.416 | 0.385 | 0.480 |

数据来源：本研究根据 SPSS16.0 和 AMOS17.0 分析所得。

（二）CFA 检验

CFA 检验是考察量表构念效度的另一个重要方法。在对量表进行 CFA 检验时，如果模型的各项拟合指标均比较理想，则表明假设模型成立，即精益服务量表中各因子之间的相互联系是成立的。本章第一节验证精益服务量表的因子结构时利用结构方程模型对量表进行了 CFA 检验，并计算了各项主要的拟合指标。统计结果显示各问项的因子载荷均在 0.6 以上，假设模型的各项拟合指标均在比较理想或理想范围内（CMIN/df=1.996，RMSEA=0.051，NFI=0.929，IFI=0.963，CFI=0.963，PNFI=0.619，PCFI=0.642），且显著优于其他备择模型，表明精益服务量表具有较好的构念效度。

## 二、汇聚效度检验

汇聚效度是构念效度的一种重要类型，用以表示测量同一构念的多个因子之间存在的彼此聚合性或关联性，表现为各因子间存在一定程度的相关性。表 6.5 说明精益服务量表各因子之间存在中等程度的相关性,为证明量表的汇聚效度提供了初步的证据。在实践中，经常采用 AVE 值来评价量表的汇聚效度。AVE 表示各因子与其测量项目之间的共同变异，当 AVE＞0.5 时，表明在测量项目的变异中，可由因子解释的部分大于由测量误差引起的部分，量表具有汇聚效度。本研究采用“组合信度执行程度”软件计算了各因子的 AVE 值,结果显示各因子的 AVE 值均大于 0.5，表明量表具有汇聚效度，如表 6.6 所示。

表 6.6 精益服务量表汇聚效度与区分效度检验（AVE 与ϕ2 比较结果）

| 因子 | AVE | A（$\phi^2$） | B（$\phi^2$） | C（$\phi^2$） | D（$\phi^2$） | E（$\phi^2$） |
|---|---|---|---|---|---|---|
| A. 隐私性 | 0.51 | ---- | | | | |
| B. 响应性 | 0.55 | 0.41 | ---- | | | |
| C. 移情性 | 0.52 | 0.38 | 0.50 | ---- | | |
| D. 舒适性 | 0.59 | 0.34 | 0.36 | 0.40 | ---- | |
| E. 心理质量 | 0.55 | 0.18 | 0.18 | 0.15 | 0.23 | ---- |

数据来源：本研究计算所得。

除了根据 AVE 值判断量表的汇聚效度之外，本研究还使用二阶 CFA 分析进一步检验量表的汇聚效度。在心理学测量领域，有很多学者采用此种方法（Spreitzer, 1995）。在具体操作上，本研究构建了一个二阶因子模型，将精益服务作为二阶因子，将精益服务的五个维度作为一阶因子。采用结构方程模型的方法对二阶因子模型进行拟合。如果拟合程度良好且一阶因子在二阶因子上的负荷也较高，则表明这五个维度同时指向一个潜变量，精益服务量表具有良好的汇聚效度。

使用 AMOS17.0 对二阶因子模型进行拟合，结果显示各项拟合指标均达到比较理想或理想水平（CMIN/df=1.967，RMSEA=0.051，NFI=0.926，IFI=0.962，CFI=0.962，PNFI=0.656，PCFI=0.681），且五个一阶因子在二阶因子上的负荷也较高，如图 6.1 所示，表明五个因子同时指向一个潜变量，量表具有良好的汇聚效度，强化了 AVE 值对精益服务量表汇聚效度的检验结论。

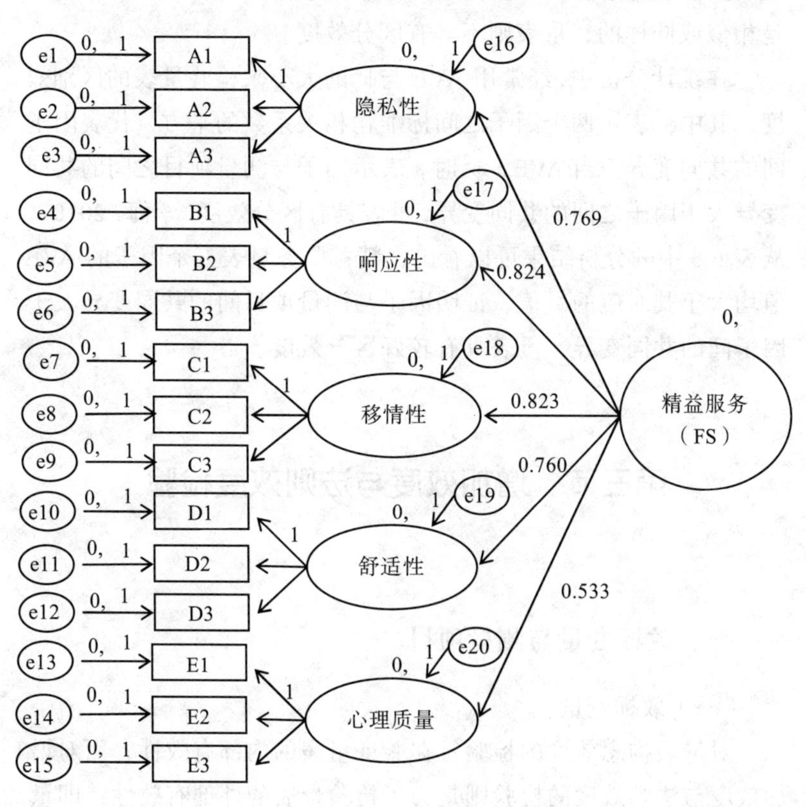


图 6.1　二阶因子模型

### 三、区分效度检验

区分效度也称为分歧效度，是指当某一构念的多重指标相汇聚或呼应时，该构念的多重指标应当与其他构念的指标有一定的区别，并且与其对立构念的指标负相关。虽然多维度量表应当具有汇聚效度，但由于各子量表测量的是该潜变量的不同面向，因此各子量表之间应当具有一定的区别性。如果两个子量表之间的区别性小于标准值，则表明这两个自变量的问项所测量的子维度是相似或同样的，量表则不具有区分效度。

在统计分析中，经常用 AVE 与$\phi^2$的大小来检验量表的区别效度，其中$\phi^2$表示两个因子之间标准化相关系数的平方，代表因子间的共同变异。当 AVE$>\phi^2$时，表示因子与测量项目之间的共同变异大于因子之间的共同变异，量表具有区分效度（李海，2010）。从表 6.6 中的分析结果可以看出，精益服务量表五个因子的 AVE 值均大于其对应的$\phi^2$值，证明因子与测量项目间的共同变异大于因子间的共同变异，量表具有较好区分效度。

## 第三节 增加效度与法则效度检验

### 一、效标变量与测量项目

（一）效标变量

对量表构念效度的检验旨在验证量表的内部有效性，而对增加效度与法则效度的检验则是为了检验量表的外部有效性，即量表所测量的构念是否能与其他构念形成逻辑上的联系以便更好地解释现实中的服务现象和问题。

增加效度与法则效度是评价量表外部有效性的重要指标。两种效度的检验都需要引入效标变量。效标变量是独立于量表之外的外部变量，一般与被检验量表所测量的潜变量之间存在逻辑上的因果关系。如果量表所测量的潜变量与效标变量之间的逻辑关系得到验证，则表明量表所测量的潜变量存在于一个理论上的逻辑网络中，量表的外部有效性便得到验证。

在效标变量的选择上，一般选取与被检验量表所测量的潜变量有直接因果关系的变量，或者能够被该潜变量预测的变量。对本研究而言，虽然在现有研究中鲜有对精益服务效标变量的研究，但我们仍能从一些相似研究中找到可供参考的变量，如顾客情感与顾客忠诚。

研究与经验显示，好的服务能够带来顾客情感上的满足，如奥利弗将顾客"愉悦"作为卓越服务的特征和结果(Oliver, 1997)。李中（2010）通过对三家优秀服务企业的扎根理论研究指出精益服务是以顾客情感价值为核心的。王潇（2011）的研究也将顾客情感作为精益服务带来的直接结果。此外，大量研究也证明了顾客积极的情感与顾客忠诚之间存在着直接的关系（Liljander & Strandvik，1997；Strauss & Neuhaus, 1997）。本研究在对顾客感知评价的内容分析中也发现精益服务水平较高的企业往往伴随着较高的顾客情感水平和顾客忠诚。因此本研究认为在精益服务水平、顾客情感与顾客忠诚之间存在着一个合乎逻辑的关系网络。

（二）测量项目

本研究选择顾客情感与顾客忠诚作为效标变量的原因还在于二者皆有较为成熟的量表可供参考。在顾客情感的测量方面，本研究借鉴了安德森等人（Anderson & Weitz，1992；Ganesan，1994）的研究，结合服务业的行业特征采用李克特 5 级量表的形式编写了 5 个测量项目。在顾客忠诚的测量上，本研究借鉴了帕拉斯阿南等人（Parasuraman，1994；Kennedy，2001）的研究，结合服务业的行业特征采用李克特 5 级量表的形式编写了 5 个测量项目。对精益服务的测量采用本研究开发的精益服务量表，包括隐私性、响应性、移情性、舒适性和心理质量 5 个维度，共 15 个测量项目。顾客情感与顾客忠诚的测量问项如表 6.7 所示。

**表 6.7 顾客情感与顾客忠诚测量问项**

| 效标变量 | 测量问项 | 问项来源 |
| --- | --- | --- |
| 顾客情感 | CE1. 我很喜欢 X 公司（a）（b）<br>CE2. 我对 X 公司情有独钟（a）（b）<br>CE3. 我很关注 X 公司的质量改进（a）<br>CE4. 我把自己对 X 公司的喜爱告诉周围的人（b）<br>CE5. 选择 X 公司让我很放心（a） | （a）Anderson & Weitz, 1992<br>（b）Ganesan, 1994 |
| 顾客忠诚 | CL1. 离开 X 公司后，我会说 X 公司的好话（a）<br>CL2. 我会再次购买 X 公司的服务（b）<br>CL3. 需要消费同样的服务时，我总是会尽量到 X 公司来（c）<br>CL4. 我愿意提供建议，帮助 X 公司提高服务质量（d）<br>CL5. 选择 X 公司是因为这家公司真的让我满意，而不是因为我别无选择（e） | （a）Parasuraman, 1994<br>（a）Kennedy et al., 2001<br>（c）Bettencourt, 1997<br>（d）Cronin, 2000<br>（e）Barnes, 1997 |

资料来源：本研究设计。

## 二、数据收集与样本描述

本研究将测量问项用李克特 5 级量表的陈述句形式编写成问卷。为确保问卷数据更加真实有效，研究二采用现场发放问卷的方式，分别在北京、上海、广州、杭州、成都、深圳、沈阳和大连的高档、中档及经济型服务企业现场发放问卷。在征得服务企业同意后，向正在等待或休息区的顾客发放问卷，并现场回收。此次调研共发放问卷 260 份，回收 245 份，其中有效问卷 220 份，回收率与有效率分别为 94%和 89.8%。

此次研究问卷的主旨是请被试者回忆一次最美好的服务体验，并根据此次体验进行填答。问卷内容分为两个主要部分。第一部分是对被试者基本情况的考察，由被试者个人基本信息和服务行业与企业基本信息组成。被试者个人基本信息包括性别、年龄、受教育程度、收入水平和区域分布情况；服务行业与企业基本信息包括为被试者留下美好服务体验的服务企业所属的区域、行业与档次。

在对样本基本情况的描述性统计中，本研究对被试者的个人基本信息和服务企业信息分别进行了分析。在样本性别方面，被试中男性与女性的比例相当，尽可能降低了由性别引起的评价差异。在年龄方面，55 岁以下各年龄阶段分布比较均衡，其中 26 岁到 55 岁的被试者占到 79.56%。这部分人群是社会生产的主要人群，通常有较好的收入来源，是服务消费尤其是中高档服务消费的主要人群。在受教育水平方面，具有大专及以上学历的达到 94.9%，表明大部分被试接受过高等教育，不存在文字和语言理解障碍，且能较准确地理解问项的内容，减少因理解造成的误差。在收入水平方面，约 81.79%的被试者处于中高收入水平，其中月收入在 6000 元以上的达到 53.12%，表明大部分被试具有较高的服务购买能力，服务需求也通常较为旺盛。在被试者的地域分布方面，被试者在各调研城市分布较为均衡，此外由于受到北京、上海、广州等城市流动性人口旺盛的影响，在河北、山东、吉林、辽宁等多省市也有被试分布。

第二部分是为被试带来“美好服务体验”的服务企业基本情况，很多被试由于受到现场调查的影响，倾向于选择其所在城市的服务企业。为了保证样本的代表性，除研究团队所在的天津外，研究二选择了研究一中服务企业所属城市比重较大的上海、广州、杭州、成都和深圳，并加入了北京、沈阳和大连。样本分析结果显示服务企业所属城市主要集中在上述城市，此外三亚、苏州、重庆等城市也有所分布。在服务企业所属行业方面，餐饮娱乐与酒店住宿的比重仍然最大，达到52.67%，美容与美发紧随其后，达到13.56%，旅游休闲（10.29%）与航空与交通服务（9.56%）所占的比重也较高。从服务企业所属的行业分布可以看出，仍然是与顾客人际接触程度较高的高接触服务行业所占的比重较大。在其他服务行业中，银行、保险等金融服务占比 6.52%，高于教育与培训（3.18%）、医疗与健康（3.09%）以及摄影摄像服务（1.13%）等。在服务企业的档次方面，经济型服务企业、中档服务企业与高档服务企业所占的比重依次升高，表明在同等情况下，档次越高的服务企业越有可能为顾客带来美好的服务体验。然而经济型服务企业与中档服务企业共占比达到57.17%，也表明为顾客提供美好的服务体验并不是高档服务企业的专利，经济型服务企业与中档服务企业也能为顾客提供美好的服务体验。

综合上述分析，样本在被试者的个人特征与服务企业基本情况两方面的表现均较好，在各方面的分布较为均衡，与客观现实也较吻合，样本具有较好的代表性与全面性。

## 三、量表信度与效度检验

数据回收之后，本研究首先对各变量进行了信度与效度的检验。在信度检验中，本研究使用 SPSS16.0 计算了各变量的 Cronbach α 系数，结果显示精益服务五维度的 Cronbach α 系数均在 0.70 以上，顾客情感与顾客忠诚量表的 Cronbach α 系数在 0.80 以上，且删除任何一个问项都会造成对应子量表 Cronbach α 系数的降低，表明量表具有较好的信度水平。

在效度检验中，本研究首先计算了 7 个子量表的 KMO 值与

Bartkett 球体统计值，观察各子量表能否进行因子分析。在得到肯定结论后，本研究对精益服务、顾客情感和顾客忠诚三个变量分别进行因子分析，检验量表的效度。其中，由于精益服务是多维度变量，故对其进行 CFA 检验。

对精益服务进行 CFA 检验，结果显示各项拟合指标（CMIN/df=2.100，RMSEA=0.071，NFI=0.890，IFI=0.939，CFI=0.938，PNFI=0.630，PCFI=0.664）均在比较理想或理想范围内，作为一阶因子的五个维度在二阶变量上的因子负荷也较高，如表 6.8 所示，各问项的因子载荷皆大于 0.6，如表 6.9 所示，表明精益服务量表具有较好的效度水平。

**表 6.8　精益服务各子量表在二阶变量上的负荷**

| 一阶因子 | 二阶因子负荷（精益服务） |
| --- | --- |
| A. 隐私性 | 0.876 |
| B. 响应性 | 0.789 |
| C. 移情性 | 0.863 |
| D. 舒适性 | 0.957 |
| E. 心理质量 | 0.979 |

数据来源：本研究根据 SPSS16.0 分析所得。

对顾客情感与顾客忠诚进行主成分与因子分析，结果显示这两个维度分别能提取一个公因子，且各问项在公因子上均具有较高的因子负荷，表明顾客情感与顾客忠诚量表均具有较好的效度水平，如表 6.9 所示。

表 6.9 各子量表的因子载荷

| | A<br>隐私性 | B<br>响应性 | C<br>移情性 | D<br>舒适性 | E<br>心理质量 | CE<br>顾客情感 | CL<br>顾客忠诚 |
|---|---|---|---|---|---|---|---|
| A1 | 0.759 | | | | | | |
| A2 | 0.717 | | | | | | |
| A3 | 0.651 | | | | | | |
| B1 | | 0.729 | | | | | |
| B2 | | 0.711 | | | | | |
| B3 | | 0.737 | | | | | |
| C1 | | | 0.768 | | | | |
| C2 | | | 0.782 | | | | |
| C3 | | | 0.765 | | | | |
| D1 | | | | 0.689 | | | |
| D2 | | | | 0.657 | | | |
| D3 | | | | 0.717 | | | |
| E1 | | | | | 0.797 | | |
| E2 | | | | | 0.633 | | |
| E3 | | | | | 0.769 | | |
| CE1 | | | | | | 0.747 | |
| CE2 | | | | | | 0.780 | |
| CE3 | | | | | | 0.803 | |
| CE4 | | | | | | 0.736 | |
| CE5 | | | | | | 0.767 | |
| CL1 | | | | | | | 0.707 |
| CL2 | | | | | | | 0.749 |
| CL3 | | | | | | | 0.740 |
| CL4 | | | | | | | 0.834 |
| CL5 | | | | | | | 0.779 |

数据来源：本研究根据 SPSS16.0 分析所得。

## 四、增加效度检验

增加效度是指在考虑了其他变量之后，如果某一变量对效标变量的解释具有增加的、独特的贡献，则表明具有增加效度（Sechrest, 1963）。考察增加效度的常用方法是分层回归的方法，即通过比较加入待检验变量前后回归方程的拟合效果判断是否存在增加效度。

本研究采用分层回归的方法检验精益服务量表的增加效度，先后构建了两个回归方程：方程一将顾客忠诚作为因变量，将顾客情感作为自变量；方程二将顾客忠诚作为因变量，将顾客情感与精益服务同时作为自变量，随后通过对比精益服务进入回归方程前后的解释率考察精益服务量表的增加效度。

### （一）相关分析

相关系数是对变量之间关系密切程度的度量，本研究通过皮尔逊相关系数来初步判断顾客忠诚、顾客情感与精益服务三个变量之间是否存在线性相关关系以及密切程度如何。从计算结果中可以看出三个变量之间存在中度相关，变量之间存在较为密切相关的关系，如表 6.10 所示。

**表 6.10　变量间的皮尔逊相关系数**

| 变量 | 精益服务 | 顾客情感 | 顾客忠诚 |
|---|---|---|---|
| 精益服务 | ---- | | |
| 顾客情感 | 0.730 | ---- | |
| 顾客忠诚 | 0.695 | 0.675 | ---- |

数据来源：本研究根据 SPSS16.0 分析所得。

### （二）多重共线性检验

多重共线性通常是指一个多元线性回归方程中自变量之间

的线性相关（郭志刚，1999）。当多重共线性程度增加时，导致采用多个预测变量进行研究时会存在潜在的不准确、不精确甚至误导性的统计结果。因此，在进行自变量之间的多元回归分析时需要考察多重共线性问题。

方差膨胀因子 VIF 与容忍度是测量多重共线性的重要指标，容忍度是 VIF 的倒数。通常认为当 VIF 大于 10，或容忍度小于 0.1 时，变量之间存在较强的、必须加以处理的多重共线性。

分别计算方程一与方程二中自变量的方差膨胀因子与容忍度，分析表明在三组结果中，方差膨胀因子 VIF 的最大值为 2.15，小于标准值 10，容忍度最小为 0.47，大于 0.1，表明变量之间不存在较强的、必须加以处理的多重共线性问题，不会影响回归分析。

（三）回归分析

对方程一与方程二分别进行回归分析，分析结果显示在 0.05 的显著性水平下，回归方程一与回归方程二总体上都是显著的（F 统计量的显著性小于 0.05），各自变量的回归系数也通过了统计检验（t 统计量的显著性小于 0.05）。回归方程一将顾客情感作为唯一自变量解释顾客忠诚时，方程有较好的拟合效果，调整的 $R^2$ 为 0.453；方程二引入精益服务作为自变量之后，方程拟合效果得到改善，调整的 $R^2$ 提高到 0.542，自变量对顾客忠诚的增量解释率为 8.9%，表明精益服务量表具有良好的增加效度，如表 6.11 所示。

**表 6.11 回归分析主要指标**

| | 自变量 | Beta | t 统计量 | Sig. | F 统计量 | Sig. | 调整的 $R^2$ |
|---|---|---|---|---|---|---|---|
| 方程一 | 顾客情感 | 0.675 | 12.781 | .000 | 163.353 | .000 | 0.453 |
| 方程二 | 顾客情感 | 0.369 | 4.974 | .000 | 106.772 | .000 | 0.542 |
| | 精益服务 | 0.426 | 5.747 | .000 | | | |

数据来源：本研究根据 SPSS16.0 分析所得。

## 五、法则效度检验

构念被认可的必要条件是其能否存在于一个相关概念间合乎逻辑的关系网络中，能否与其他概念共同发展理论、解释现象（Cronbach, 1955），法则效度则是对构念是否满足这一条件的评价。法则效度（Nomological Validity）也称为理论效应，是心理测量学领域的突出贡献，对量表的有效性检验十分重要（李海，2010）。

为了检验精益服务量表的法则效度，本研究构建了由三个变量组成的法则网络，分别是精益服务、顾客情感和顾客忠诚。现有研究与对顾客感知评价的内容分析显示服务企业的精益服务水平能够显著影响顾客的情感，尊重顾客隐私、快速响应、友好接触、体感舒适且能带给顾客较高心理质量的服务往往可以带来积极的顾客情感。因此，本研究假设精益服务能够对顾客情感产生积极影响。另一方面，将顾客情感作为顾客忠诚的重要前因也广泛见于众多学者的研究中（Liljander & Strandvik, 1997; Strauss & Neuhaus, 1997），并被广大学者所认同。与服务质量是顾客忠诚的前因一样，精益服务也能带来顾客忠诚，这在对顾客感知评价的内容分析中能够体现出来，即顾客往往对提供精益服务的企业表现出较高的忠诚。综合以上分析，本研究构建了一个结构方程模型，将精益服务、顾客情感与顾客忠诚置于一个法则网络中，如图 6.2 所示。

在这一模型中，精益服务影响顾客情感，顾客情感影响顾客忠诚，同时精益服务也会直接影响顾客忠诚。如果这一模型拟合程度良好，且各变量之间的关系显著，则说明这一逻辑网络是合理的，得到了实证数据的支持，检验了精益服务量表的法则效度，还证明了精益服务与顾客情感和顾客忠诚之间的关系。

采用 SEM 方法对模型进行拟合，结果显示各项拟合指标均达到理想或比较理想的水平（CMIN/df=1.832，RMSEA=0.062，NFI=0.831，IFI=0.915，CFI=0.914，PNFI=0.683，PCFI=0.751），各变量间的标准化路径系数在 0.05 的水平上全部显著。

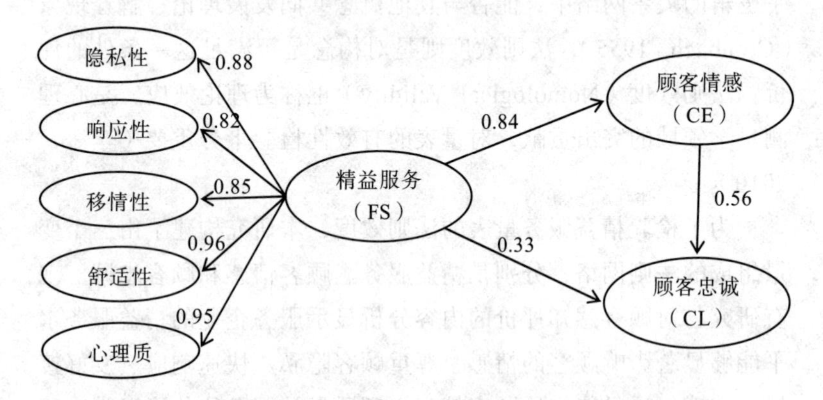


图 6.2 精益服务量表的法则网络模型及检验结果

法则效度检验的结果表明，精益服务量表具有良好的法则效度。对比变量的标准化路径系数，发现精益服务对顾客情感的影响最大（0.84），表明顾客情感是精益服务的重要结果，这一结论也与奥利弗将“愉悦”作为卓越服务结果的结论相一致（Oliver, 1997）。

综合上述各节的检验与分析，精益服务量表的有效性通过检验。通过对 377 个样本与 220 个样本进行的独立分析，精益服务量表的 5 因子结构假设通过验证，量表的构念效度、汇聚效度、区分效度、增加效度与法则效度全部通过检验，表明精益服务量表不仅具有较好的心理学测量属性，还能与其他相关概念一起发展理论，解释服务现象。对精益服务量表有效性的检验不仅证明了本研究在第五章中提出的精益服务的五维度假设模型，更为精益服务的研究提供了可操作且有效的测量工具，为精益服务的进一步研究创造了条件。

# 第七章　研究结论与展望

经过前述各章节的研究，本研究通过对现有理论、服务企业和顾客的综合研究界定了精益服务的概念，构建了精益服务的理论模型，设计开发并检验了精益服务的测量量表，回应了绪论中提出的若干研究问题，基本实现了研究目标。本章将总结本研究的主要结论、创新点及管理启示，同时对未来的研究方向提出几点建议。

## 第一节　主要结论与创新点

### 一、主要研究结论

（一）精益服务（Fine Service）——“好服务”的理论概念

对精益服务的研究源起与对“什么是好服务”的思考。服务研究发展到今天,虽然建立了完善的理论体系与稳固的理论根基,但仍然不能系统地回答这一看似简单的问题。本研究从这一问题入手，将具有“极好”之意的精益服务（Fine Service）作为代表“好服务”的理论概念。对顾客价值与服务生产力的思考源于对顾客驱动力及服务经济体本质的认同。顾客价值是精益服务的价值追求，服务生产力是精益服务的产能边界，将二者放在同一个理论框架下体现了本研究将顾客视角与企业视角放在同等地位综合考虑的基本立场。好的服务不仅能为顾客创造优秀的价值，更能为企业带来持久的经营利润，只有形成顾客与服务企业的双赢局面才能促使服务企业积极践行并不断提高精益服务水平，从而推动服务业的健康发展。

确定了精益服务的价值追求与产能界限，本研究比较了四种具有代表性且被广大学者研究的“好服务”类型，即标准服务、基于精益思想的服务、个性化服务和卓越服务，发现了在“好服务”所具有的众多特征之间存在矛盾与共生的事实。如以消除浪费和提高效率为特征的基于精益思想的服务就与为顾客带来愉悦的卓越服务在某些方面矛盾。萨顿和拉法莉（Sutton & Rafaeli，1988）在对便利店服务的实证研究中就发现顾客与服务人员在接触中展现出的积极情绪，如员工对顾客的温柔呵护反而会对商店的利润产生消极影响，因为对便利店的顾客来讲，他们最需要的是“速度”，而对顾客的温柔呵护却是处于价值链之外的“浪费环节”。

现有服务理论研究与成功企业的经验为处理这一问题提供了非常重要的启示，即在服务频谱中存在标准化服务（Standard）与精益化体验（Fine）两个维度，其中标准化服务以功能性和普通体验为特征，精益化体验以个性化和情感体验为特征（李中，2010），且任何服务都能看作这两个维度的任意组合。如果将上述四种“好服务”放在服务频谱中，可以发现标准服务与基于精益思想的服务侧重于标准化服务维度，而个性化与卓越服务则更加突出服务的精益化体验方面。大量的服务企业成功案例表明，所谓的好服务并不是在高度标准、消除浪费、追求个性与实现卓越方面都做到最好，也不是仅凭某一方面的突出表现就能取得成功，而是在“好服务”所具有的诸多特征之间进行适度的取舍。如麦当劳与肯德基以高度标准化为基础，同时又突出了一定的服务个性，使其既保证了快餐行业所追求的“快速”，又形成了区别于普通快餐的独特格调，在消费者心中形成强烈的品牌认同和价值认知。同样，丽思卡尔顿酒店也以个性化与卓越服务著称，但其在内部运营管理方面采用了严格的标准化管理和成本控制系统，并对常规服务设计了严格的时间框架，如规定员工接听电话时铃响不能超过三声，在客人到达餐厅后的两分钟之内必须为客人呈上饮料和面包等。可见，将标准化服务与精益化体验进行合理配比是服务企业提供优质服务的重要手段。基于这一发现，本研究确定了精益服务的理论边界，绘制了以标准化服务和精益化体验为坐标的服务频谱，确定了精益服务在服务频谱中的位置，将精益服务界定为“在服务生产力的制约下，通过标准化服务与精益化体验的理想配比，最大程度地实现顾客价值的服务”。

（二）精益服务的理论体系——来自服务企业的证据

为了验证本研究通过理论推演提出的精益服务的概念，构建更加完善的精益服务理论体系，本研究选取了来自三个不同服务行业的三家不同档次的服务企业作为案例研究的对象。这三家企业分别来自酒店业、银行业和医疗美容业，分别代表高档服务企业、中档服务企业和经济型服务企业。虽然三家企业属于不同的行业，且分属不同的规模档次，但三家企业都通过为顾客创造非凡的体验而赢得了顾客青睐，为顾客提供了好服务。

通过对三家案例企业多重证据资料的扎根理论研究和将研究发现与现有理论的反复比对，本研究识别出三家企业提供优秀服务的相同路径：以追求顾客价值作为企业利润的来源，以服务生产力理论控制成本和维持盈利，依托组织文化、品牌建设和员工支持的保障作用，通过标准化服务与精益化体验的策略组合创造顾客感知价值，从而推动企业的可持续循环发展。

在此基础上，本研究构建了精益服务的理论模型，揭示了精益服务作为一种服务模式所包含的要素及其之间的关系，验证并发展了本研究通过理论推演提出的精益服务概念，搭建了以追求顾客价值为驱动，以服务生产力为约束，以组织文化、品牌建设和员工支持为中介，以标准化服务和精益化体验为策略，以实现顾客感知价值为目标的精益服务理论体系和基本框架。

（三）特征识别——精益服务（Fine Service）的五维度结构

精益服务的理论体系虽然以系统的方式回答了“如何提供精益服务”的问题，却没有回答作为该模型出发点和落脚点的顾客感知价值的特征或具体形态的问题，即“精益服务能为顾客带来哪些感知价值”或“顾客体验到的精益服务有哪些具体特征”。从顾客视角出发识别精益服务的特征不仅能够直接回答这一问题，完善精益服务的理论体系，还有助于我们了解精益服务的概念结构，即精益服务是一个单维度的简单结构还是多维度的高级结构？既然本研究将顾客价值作为精益服务的重要驱动因素，那么就应当由顾客回答“精益服务有哪些特征”的问题。为此，本研究从 200 多名顾客对“好服务”体验的感知评价入手，采用内容分析的方法识别出精益服务的具体特征，并通过严格的过程控制确保内容分析的信度，通过跨行业的多案例研究以及构建多重来源的证据链和三角验证保证内容分析的效度。分析结果提炼出精益服务具有的五项基本特征，即隐私性、响应性、移情性、舒适性和心理质量。经内容分析之后，本研究将这五项特征与已有研究进行了比较，发现在现有的服务研究中，尤其是在服务质量的研究中，对这五项特征都有不同程度的提及，但深究其具体内容，皆与本研究中的顾客感知评价有所差别。为了便于理解与使用，本研究在基本特征的命名上仍然选取了与已有研究意义相近的概念，并对每一个维度进行了操作化的定义与举例。在此基础上，本研究构建了顾客感知的精益服务五维度模型，为揭示顾客眼中精益服务的具体形态奠定了基础。

为了验证五维度模型，本研究以顾客评价为基础开发了精益服务的测量量表，并通过三个样本（样本量分别为146、377、220）的独立研究检验了量表的有效性，不仅验证了精益服务的五维度结构，为测量精益服务提供了可操作的工具，还在量表的增加效度和法则效度检验中验证了精益服务与顾客情感和顾客忠诚之间的关系，得到顾客情感与顾客忠诚是精益服务重要结果的结论。

（四）精益服务的全景概念——来自理论、企业与顾客的综合讨论

本研究对精益服务的概念研究是一个循序渐进的过程，并在以理论、服务企业和顾客为对象的研究中得到不断深化。本研究通过对相关理论的研究发现了精益服务与现有理论之间可能存在的继承与发展关系；对服务企业的研究不仅验证了这一假设，更明确了精益服务与现有理论之间的关系和传导机制；对顾客感知评价的分析识别出了精益服务具有的五种特征，发现了精益服务顾客感知价值的主要内容；而对精益服务量表的开发和有效性检验更是验证了这五种特征的准确性和有效性。综合上述研究，本研究提出了精益服务的全景概念，即精益服务是在服务生产力的制约下，依托组织文化、品牌建设和员工支持，通过标准化服务与精益化体验的理想配比，最大程度地实现顾客价值的服务，表现为对顾客隐私性、响应性、移情性、舒适性和心理质量上的价值满足。

## 二、本研究的创新点

（一）修正了服务频谱，确定了精益服务的位置

服务频谱是将物理学中的频谱应用到服务研究中，以求用更形象的形式表现服务研究中的若干问题。李中（2010）最早采用服务频谱的形式解释精益服务，指出服务具有精益化与标准化的两端，任何服务企业都能在两端中寻找到自己的位置。王潇（2011）在服务范式的框架下，引入了企业资源投入和顾客投入两个要素，

对服务频谱进行了修正，丰富了精益服务的内涵。上述研究虽然对服务频谱和精益服务进行了有价值的探索，但并未在频谱中确定精益服务的确切位置，也没有明确精益服务的理论边界。本研究将顾客价值和服务生产力引入到服务频谱中，将标准化服务与精益化体验分别作为横纵坐标，绘制了新的服务频谱并确定了精益服务的位置，在服务频谱中展现了精益服务的理论边界，如图 7.1 所示。

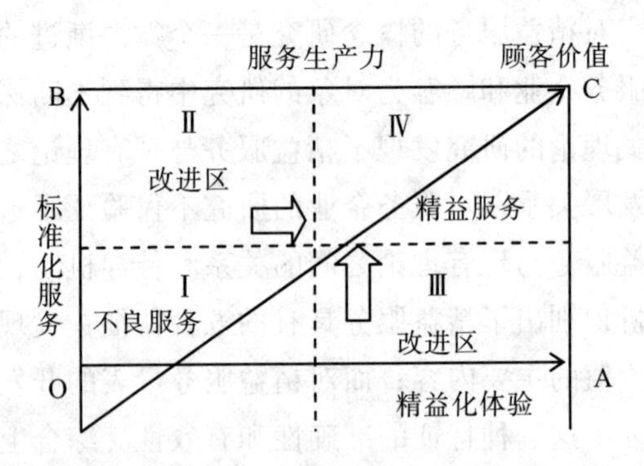


**图 7.1 服务频谱与精益服务示意图**

在本研究绘制的服务频谱中，任何服务企业都能根据其标准化服务与精益化体验水平的不同比例组合确定自己在服务频谱中所处的具体位置，其中将标准化服务与精益化体验水平维持在优选比例区间内的服务便是精益服务。在标准化服务与精益化体验比例的确定问题上，本研究借鉴价值规律的原理提出了精益服务的优选区间模型，如图 7.2 所示。对比图 7.1 与图 7.2，不难发现图 7.1 中精益服务所在的第四象限即为图 7.2 中的精益服务优选区间，而代表顾客价值的射线 OC 在第四象限中的部分即为图 7.2 中标准化服务与精益化体验的最优比例。在第四象限中，绝大部分的点落在射线 OC 的周围，表明在精益服务中标准化服务与精益化体验比例的常态是围绕最优比例上下波动的，这也与图 7.2

中精益服务的常规示意走向相符。正是因为这一常态比例与最优比例之间存在差距和波动，才使服务企业有服务改进和服务创新的动力。

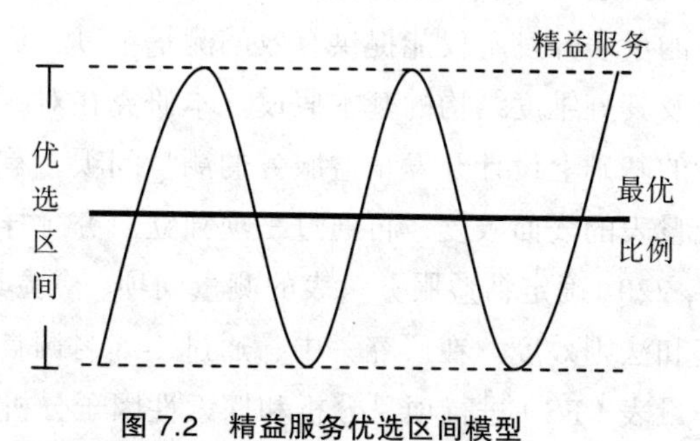


**图 7.2　精益服务优选区间模型**

（二）构建了精益服务的全景理论模型

本研究从理论研究、企业研究和顾客研究三个角度出发构建精益服务的理论体系，研究过程也是本研究对精益服务的概念和理论体系不断扩展和完善的过程。理论研究确定了精益服务的理论边界，为后续研究奠定了理论基础，提供了研究方向；企业研究从企业内部视角考察精益服务在实践中的运营模式，在验证精益服务理论边界的同时挖掘精益服务的各个要素及要素之间的逻辑关系；顾客研究从顾客的视角考察了精益服务所创造的顾客感知价值的具体形态，识别出精益服务具有的 5 个特征。理论研究、企业研究和顾客研究分别从不同的视角展现了精益服务的全貌，并最终殊途同归，帮助本研究建立了精益服务从理论根源到实施过程再到实施结果的全景理论模型，构建了较为完善的精益服务理论体系，如图 7.3 所示。精益服务的全景理论模型是本研究的主要贡献，也是有别于以往研究的理论创新，为精益服务的后续研究提供了可供参考的框架体系。

（三）开发了顾客感知的精益服务测评量表（FS 量表）

在精益服务的研究中，如何建立具有内在逻辑联系的精益服务模型，基于此模型开发有效的测量工具，并以此为基础探索精益服务与各相关变量之间的关系，是将精益服务研究由质化发展到量化的重要途径，也是检验精益服务理论的重要步骤。可以说，精益服务的量表开发不仅能提供有效的测量工具，更能检验精益服务理论及其五维度结构的基本假设。本研究在对顾客感知评价内容分析的基础上设计开发精益服务的测量问项，首先通过专家评审保证量表的表面效度，再通过三项独立研究（样本量分别为146, 377, 220）确定精益服务量表的测量问项，检验其构念效度、增加效度和法则效度。在研究一中，通过146名调查者的样本对精益服务量表（FS）进行项目分析和探索性因子分析（EFA），初步检验量表的内部因子结构，确定测量项目，建立精益服务量表；在研究二中，通过377名调查者的样本对精益服务量表进行验证性因子分析（CFA）和构念效度检验，并采用AVE和二阶验证性因子分析分别检验了精益服务量表的区分效度和汇聚效度；在研究三中，引入顾客情感与顾客忠诚作为效标变量，通过220名调查者的样本检验了精益服务量表的增加效度和法则效度。不仅如此，研究三还检验了精益服务与顾客情感和顾客忠诚之间的关系，得到顾客情感与顾客忠诚是精益服务重要结果的结论。三相独立研究检验了精益服务量表的有效性，同时支持了本研究对精益服务五维度结构的假设。

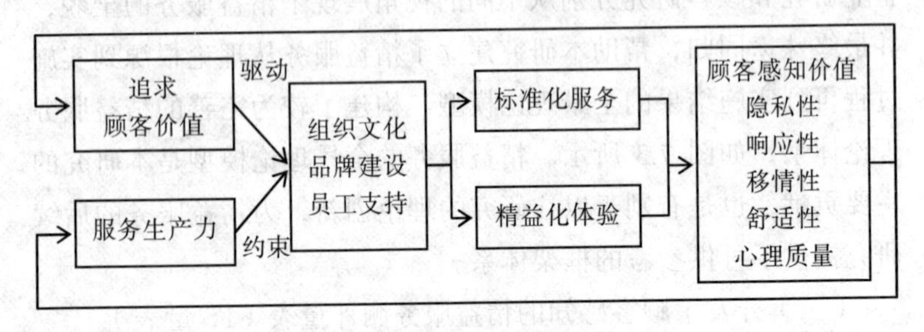


图 7.3 精益服务全景理论模型

精益服务是“好服务”的理论抽象，精益服务量表是基于顾客视角建立的测量服务企业精益服务水平的量表。本研究不仅将众多“好服务”的特征有机结合在一起，在顾客视角与企业视角的共同考虑下建立并检验了精益服务的理论框架和概念结构，还开发了可供服务企业评估自身精益服务水平的有效测量工具，具有理论与实践的双重价值，是有别于以往研究的理论和工具创新。

## 第二节　管理启示与研究展望

### 一、管理启示

本研究的主要结论和创新对服务管理的启示在于：

第一，服务频谱为服务企业了解自身情况、寻找服务差距、确定改进方向提供了工具。本研究绘制的服务频谱由顾客价值、服务生产力、标准化服务和精益化体验四个元素组成，在既定的顾客价值和服务生产力水平下，任何服务企业都能根据其标准化服务和精益化体验水平确定企业自身和同行竞争者在服务频谱中的位置。服务频谱能够帮助服务企业明确自身的服务现状，判断其是否提供了精益服务。如果服务企业的定位点落在不良区间内，表明企业存在严重的生产力浪费、顾客价值低下，如果不进行改进，企业将难以生存。如果定位点落在改进区域内，则表明服务企业比较有效地利用了服务生产力，创造了较高的顾客价值，但存在标准化服务与精益化体验比例失调的问题，通过调整二者的比例，服务企业能够向精益服务的区间移动，进一步改进服务生产力，增加顾客价值。如果定位点落在精益服务区间，则表明服务企业充分利用了服务生产力，维持了较合理的标准化服务与精益化体验比例，创造了较高的顾客价值。不仅如此，服务企业还能根据经验对竞争对手在服务频谱中的位置做出判断，从而发现其与竞争对手之间的差距，识别优势和劣势，确定服务改进的方向。

第二，精益服务的五维度模型为服务企业指明了服务改进的关键点。本研究识别的精益服务所具有的五个特征是从顾客的原始评价中提炼而来的，在资料获取的过程中并没有对顾客评价进行方向性引导，顾客所述完全是内心的真实想法。顾客对服务的感知评价一方面表明精益服务在隐私性、响应性、移情性、舒适性和心理质量等方面的卓越表现，另一方面也体现出顾客对这些方面的重视程度。因为在没有任何启发的前提下，顾客所谈到的内容往往是其最关注的内容。由此可见，精益服务的五个维度不仅是精益服务的表象特征，更是顾客对服务企业的表现关注度最高的五个方面。而本研究在精益服务量表有效性检验中发现的精益服务五维度与顾客情感和顾客忠诚的正向关系也表明，服务企业能够通过对隐私性、响应性、移情性、舒适性和心理质量这五个方面的改善有效提升顾客的情感价值和忠诚。

第三，精益服务的全景模型为服务企业提高服务水平指明了方向和路径。本研究构建的精益服务全景模型较全面地展示了“好服务”背后的故事，回答了“如何提供好服务”的问题。服务企业能够通过将自身情况与全景模型的对比寻找服务经营中存在的问题和短板，有的放矢地改善服务管理和经营，提升精益服务水平。

第四，精益服务量表（FS 量表）的开发为服务企业确定自身的精益服务水平提供了可操作的测量工具。本研究开发的精益服务量表源于顾客对精益服务的感知评价，最真实地反映了顾客对精益服务的评价标准和接受服务后的感知价值。采用精益服务量表测量企业的精益服务水平，能够较好地反映服务企业践行精益服务的效果，从而为后续的服务战略部署和服务策略选择提供依据。

## 二、研究展望

虽然本研究通过理论研究与实证研究相结合的方式构建了精益服务的理论体系，但精益服务的研究才刚刚起步，还有很多值得进一步探讨和深入研究的问题。今后的研究可以从以下三个方面展开：

首先，未来研究还需要对精益服务的全景模型进行不断修正和完善。本研究通过理论推演、对案例企业的分析和对顾客感知评价的分析抽象出精益服务的具体要素，建立了精益服务的全景模型，但该模型是否就展现了精益服务的全部特征还有待进一步验证，还需要通过将全景模型与其他样本的反复对比进行模型的不断优化和修正，从而完善精益服务的理论体系。

其次，要探讨如何借助量化研究的方法探索精益服务全景模型中各要素之间的关系。本研究开发了顾客感知的精益服务测评量表，为测量全景模型最右端的精益服务顾客感知价值提供了测量工具。对于全景模型中的其他变量，还需要通过借鉴成熟量表或开发新量表的方式发展相应的测量指标体系，以便更加直观和客观地探索全景模型中各变量之间的关系，明确精益服务的运作机制，构建更加精确和更具指导意义的理论模型。

最后，要研究精益服务中标准化服务与精益化体验优选比例的确定问题。本研究认为将标准化服务与精益化体验的比例维持在一个优选区间内是提供精益服务的重要手段。虽然本研究描绘了这一比例的优选区间，但并没有解决如何确定这一比例的问题。

实践经验告诉我们，在精益服务中，标准化服务与精益化体验的优选比例区间会受到诸多因素的影响，如企业所属的行业特征、市场竞争情况、服务企业的市场定位、目标顾客群体特征等。对这些因素进行综合考察并找到确定优选比例区间的方法是精益服务研究能否更加有效指导实践的重要问题。

# 参考文献


[1] Amy Wong, Amrik Sohal. Customer's perspectives on service quality and relationship quality in retail encounters. Managing Service Quality, 2002, 12(6): 424-433.

[2] Amy Wong. The role of emotional satisfaction in service encounters. Managing Service Quality, 2004, 14(5): 365-376.

[3] Anne M. Smith. A cross-cultural perspective on the role of emotion in negative service encounters. The Service Industries Journal, 2006, 26(7):709-726.

[4] Ball, Pedro, Manuel. Service personalization and loyalty. Journal of Services Marketing, 2006, 20(6/7): 391-403.

[5] Bell et al. Customer relationship dynamics: Service quality and customer loyalty in the context of varying levels of customer expertise and switching costs. Journal of the Academy of Marketing Science, 2005, 33(2):169-183.

[6] Bendapudi N., Leone R. P. Psychological implications of customer participation in co-production. Journal of Marketing, 2003, 67(1): 14-28.

[7] Bentler P. M. Alpha, dimension-free, and model-based internal consistency reliability. Psychometrika, 2009, 74(1): 137-143.

[8] Berry L. L., Carbone L. P., Haeckel S. H. Managing the total customer experience. MIT Sloan Management Review, 2002,

43(3): 85-89.

[9] Bettencourt L. A., Ostrom A. L., Brown S. W., et al. Client co-production in knowledge-intensive business services. California Management Review, 2002, 44(4): 100-130.

[10] Bhatia N., Drew J. Applying lean production to the public sector. The McKinsey Quarterly, 2006, 3(1): 97-98.

[11] Bitner M. J., Ostrom A. L., Meuter M. L. Implementing successful self-service technologies. Academy of Management Executive, 2002, 16(4): 96-08.

[12] Bo Edvardsson, Bo Enquist, Michael Hay. Values-based service brands: Narratives from IKEA. Managing Service Quality, 2006, 16(3): 230-246.

[13] Boles J. S., Johnson J. T., Barksdale J. H. C. How salespeople build quality relationships: A replication and extension. Journal of Business Research, 2000, 48(1): 75-81.

[14] Brodie R. J., Hollebeek L. D., Jurić B., et al. Customer engagement conceptual domain, fundamental propositions, and implications for research. Journal of Service Research, 2011, 14(3): 252-271.

[15] Brotheridge C. M., Lee R. T. Development and validation of the emotional labour scale. Journal of Occupational and Organizational Psychology, 2003, 76(3): 365-379.

[16] Butcher K., Sparks B., O'Callaghan F. On the nature of customer-employee relationships. Marketing Intelligence & Planning, 2002, 20(5): 297-306.

[17] Carmen Camarero. Relationship orientation or service quality? What is the trigger of performance in financial and insurance services?. International Journal of Bank Marketing, 2007, 25(6):

406-426.

[18] Carmen Lages, Cristiana Raquel Lages, Luis Filipe Lages. The RELQUAL scale: A measure of relationship quality in export market ventures. Journal of Business Research, 2005, 58(8): 1040-1048.

[19] Cesaltina pacheco Pires, Soumodip Sarkar, Luisa Carvalho. Innovation in services how different from manufacturing? The Service Industries Journal, 2008, 28(10): 1339-1356.

[20] Chen, T. Measuring operation, market and financial efficiency in the management of Taiwan's Banks. Services Marketing Quarterly, 2002, 24(2): 15-27.

[21] Chowdhary N. Two factors theory: Quasi experiments with service quality. In: Edvardsson B., Brown S. W., et al., eds. QUIS 7- Service Quality in the New Economy: Interdisciplinary and International Dimension. New York: International Service Quality Association Inc, 2000.

[22] Christopher Lovelock, Evert Gummesson. Whither services marketing? In search of a new paradigm and fresh perspectives. Journal of Service Research, 2004, 7(1): 20-41.

[23] Claude R. Martin, Jr., David A. Horne, Winnie S. Chan. A perspective on client productivity in business-to-business consulting service. International Journal of Service Industry Management , 2001,12(2):137-157.

[24] Conan M. Buzby, Arthur Gerstenfeld, Lindsay E. Voss, et al. Using lean principles to streamline the quotation process: A case study. Industrial Management & Data System, 2002, 102(9): 513-520.

[25] Cynthia Karen Swank. The lean service machine. Harvard

Business Review, 2003, October: 1-9.

[26] Danaher P. J., Wilson I. W., Davis R. A. A comparison of online and offline consumer brand loyalty. Marketing Science, 2003, 22(4): 461-476.

[27] Daniel R. Ball, John Maleyeff. Lean management of environmental consulting. Journal of Management in Engineering, 2003, 19(1): 17-24.

[28] David Ballantyne. Three perspectives on service management and marketing: Rival logics or part of a bigger picture? Journal of Service Marketing, 2006, 20(1): 73-79.

[29] Dellande S., Gilly M. C., Graham J. L. Gaining compliance and losing weight: The role of the service provider in health care services. Journal of Marketing, 2004, 68(3): 78-91.

[30] Diefendorff J. M., Richard E. M. Antecedents and consequences of emotional display rule perceptions. Journal of Applied Psychology, 2003, 88(2): 284-294.

[31] Dobni B. A model for implementing service excellence in the financial services industry. Journal of Financial Services Marketing, 2002, 7(1): 42-53.

[32] Dobni. A model for implementing service excellence in the financial services industry. Journal of Financial Services Marketing, 2002, 7(1): 42.

[33] Dormann C., Zapf D. Customer-related social stressors and burnout. Journal of Occupational Health Psychology, 2004, 9(1): 61-82.

[34] Douglas P.S. Service with a smile: Emotional contagion in the service encounter. Academy of management journal, 2001（44）: 1018-1027.

[35] Dube L., Menon K. Multiple roles of consumption emotions in post-purchase satisfaction with extended service transactions. International Journal of Service Industry Management, 2000, 11(3): 287-304.

[36] Dwayne D, Gremler, Kevin P. Gwinner. Customer-Employee rapport in service relationships. Journal of Service Research, 2000, 3(1): 82-104.

[37] Fariborz Rahimnia, Mahdi Moghadasian, Pavel Costka. Benchmarking leagility in mass services. Benchmarking: An International Journal, 2009, 16(6): 799-816.

[38] Fisk R. P., Grove S. J., John J. Interactive services marketing. South-Western Pub, 2007.

[39] Ford, Heaton, Brown. Delivering excellent services: Lessons from the best firms. California Management Review, 2001, 44(1): 39-56.

[40] Gerrard Macintosh. Perceived risk and outcome differences in multi-level service relationships. Journal of Service Marketing, 2002, 16(2): 143-157.

[41] Gronholdt L., Martensen A., Kristensen K. The relationship between customer satisfaction and loyalty: Cross-industry differences. Total Quality Management, 2000, 11(4-6): 509-514.

[42] Gronroos, C., Ojasalo, K. Service productivity towards a conceptualization of the transformation of inputs into economic results in services. Journal of Business Research, 2004, 57: 414-423.

[43] Gronroos. Service management and marketing: A customer relationship management approach. Chichester: Wiley, 2001.

[44] Gwinner, Bitner, Brown, et al. Service customization through

employee adaptiveness. Journal of Service Research, 2005, 8(2): 131-148.

[45] Heuven E., Bakker A. Emotional dissonance and burnout among cabin attendants. European Journal of Work and Organizational Psychology, 2003, 12(1): 81-100.

[46] Holmlund. Suggesting and comparing different scopes on quality management: Production, service, relationship, and network. Total Quality Management and Business Excellence, 2007, 18(8):847-859.

[47] Holmlund. The D&D model-dimension and domains of relationship quality perceptions. Service Indusytries Journal, 2001, 21(3):13-36.

[48] Homburg C., Hoyer W. D., Fassnacht M. Service orientation of a retailer's business strategy: Dimensions, antecedents, and performance outcomes. Journal of Marketing, 2002, 66(4): 86-101.

[49] Hsu-Hao Yang, K.S. Chen. A performance index approach to managing service quality. Managing Service Quality, 2000, 10(5): 273-278.

[50] Hung Y. H., Huang M. L., Chen K. S. Service quality evaluation by service quality performance matrix. Total Quality Management and Business Excellence, 2003, 14(1): 79-89.

[51] Imhoff Claudia, Loftis Lisa, Geiger Jonathan G. Building the customer-centric enterprise data warehousing technical for supporting customer relationship management. Chichester and New York: Wiley, 2001.

[52] Jagdip, S. Performance productivity and quality of frontline employees in service organizations. Journal of Marketing, 2000,

64:15-34.

[53] Jan Hasenjager. Lean government is not an oxymoron. Industrial Engineer, 2006, 7: 43-47.

[54] Jeffrey J. Bailey, Bwayne D. Gremler, Michael A. McCollough. Service encounters emotional value: The dyadic influence of customer and employee emotions. Services Marketing Quarterly, 2001, 23(1): 1-19.

[55] J. J. Cronin, M. K. Brady, GTM Hult. Assessing the effects of quality, value, and customer satisfaction on consumer behavioral intentions in service environments. Journal of Retailing, 2000, 76(2): 193-218.

[56] Jochen Wirtz, Robert Johnston. Singapore Airlines: What it takes to sustain service excellence—a senior management perspective. Managing Service Quality, 2003, 13(1):10-19.

[57] John C. Crotts, Robert C. Ford. Achieving service excellence by design: The organizational alignment audit. Business Communication Quarterly, 2008, 71(2): 233-240.

[58] John Maleysff. Exploration of internal service systems using lean principles. Management Decision, 2006, 44(5): 674-689.

[59] Jürgen Wegge, Rolf Van Dick, Christiane von Bernstorff. Emotional dissonance in call centre work. Journal of Managerial Psychology, 2010, 25(6): 596-619.

[60] Ka-shing Woo, Christine T Ennew. Business- to-business relationship quality: An IMP interaction- based conceptualization and measurement. European Journal of Marketing, 2004, 38(9-10): 1252-1271.

[61] Katzan, H. Foundations of Service Science: A Pragmatic Approach. New York: iUniverse, Inc., 2008.

[62] Kennedy, M.S., Ferrell, L.K., LeClair, D.T. Consumers' trust of salesperson and manufacturer: An empirical study. Journal of Business Research, 2001, 51(1): 73-86.

[63] Kirca A. H., Jayachandran S., Bearden W. O. Market orientation: A meta-analytic review and assessment of its antecedents and impact on performance. Journal of Marketing, 2005, 69(2): 24-41.

[64] Kristensen K., Martensen A., Gronholdt L. Customer satisfaction measurement at Post Denmark: Results of application of the European Customer Satisfaction Index methodology. Total Quality Management, 2000, 11(7): 1007-1015.

[65] Kumar V., Venkatesan R. Who are the multichannel shoppers and how do they perform? Correlates of multichannel shopping behavior. Journal of Interactive Marketing, 2005, 19(2): 44-62.

[66] Li J., Tsui A. S. A citation analysis of management and organization research in the Chinese context: 1984–1999. Asia Pacific Journal of Management, 2002, 19(1): 87-107.

[67] Lia Patricio, Raymond P. Fisk, Joao Falcao e Cunha. Designing Multi-interface Service Experiences: The Service Experience Blueprint. Journal of Service Research, 2008, 10(4): 318.

[68] Lynette J. Ryals, Andrew S. Humphries. Managing key business-to-business relationship: What marketing can learn from supply chain management?. Journal of Service Research, 2007, 9(4): 312-326.

[69] Manuel F. Suarez Barraza, Tricia Smith, Su Mi Dahlgaard-Park. Lean-kaizen public service: An empirical approach in Spanish local governments. The TQM Journal, 2009, 21(2): 143-167.

[70] Martensen A., Gronholdt L., Kristensen K. The drivers of customer satisfaction and loyalty: Cross-industry findings from Denmark. Total Quality Management, 2000, 11(4~6): 544-553.

[71] Mary Jo Bitner, Amy L. Ostrom, Felicia N. Morgan. Service blueprinting: A practical technique for service innovation. California Management Review, 2008, 50(3): 66-94.

[72] Mattila A. S., Enz C. A. The role of emotions in service encounters. Journal of Service Research, 2002, 4(4): 268-277.

[73] Max Allway, Stephen Corbett. Shifting to lean service: Stealing a page from manufacturers' playbooks. Journal of Organizational Excellence, 2002, Spring: 45-54.

[74] McCole P. Dealing with complaints in services. International Journal of Contemporary Hospitality Management, 2004, 16(6): 345-354.

[75] McCole P. Refocusing marketing to reflect practice: The changing role of marketing for business. Marketing Intelligence & Planning, 2004, 22(5): 531-539.

[76] Menon K., Dubé L. Ensuring greater satisfaction by engineering salesperson response to customer emotions. Journal of Retailing, 2000, 76(3): 285-307.

[77] Michael K. Brady, J. Joseph Cronin Jr. Some new thoughts on conceptualizing perceived service quality: A hierarchical approach. Journal of Marketing, 2001, 65(3): 34-49.

[78] Michel Laroche, Jasmin Bergeron, Guido Barbaro-Forleo. Targeting consumers who are willing to pay more for environmentally friendly products. Journal of Consumer Marketing, 2001, 18(6): 503-520.

[79] Mohanbir Sawhney, Emanuela Prandelli. Communities of

creation: Managing distributed innovation in turbulent markets. California Management Review, 2000, 42(4): 24-54.

[80] Ndubisi N. O., Wah C. K. Factorial and discriminant analyses of the underpinnings of relationship marketing and customer satisfaction. International Journal of Bank Marketing, 2005, 23(7): 542-557.

[81] Nijssen E. J., Hillebrand B., Vermeulen P. A. M., et al. Exploring product and service innovation similarities and differences. International Journal of Research in Marketing, 2006, 23(3): 241-251.

[82] Nimit Chowdhary, Monika Prakash. Prioritizing service quality dimensions. Managing Service Quality, 2007, 17(5): 493-509.

[83] Olga Godlevskaja, Jos van Iwaarden, Ton van der Wiele. Moving form product-based to service-based business strategies. International Journal of Quality & Reliability Management, 2011, 28(1): 62-94.

[84] Parasuraman. Service quality and productivity: a synergistic perspective. Managing Service Quality, 2002, 12(1):6-9.

[85] Parasuraman. The impact of technology on the quality-value-loyalty chain: A research agenda. Journal of the Academy of Marketing Science, 2000, 28(1):156-174.

[86] Penny M. Simpson, Judy A. Siguaw, Thomas L. Baker. A model of value creation: Supplier behaviors and their impact on reseller - perceived value. Industrial Marketing Management, 2001(30): 123.

[87] Peter Mudie, Angela Cottam, Robert Raeside. An exploratory study of consumption emotion in service. The Service Industries Journal, 2003, 23(5): 84-106.

[88] Peter R. Magnusson, Jonas Matthing, Per Kristensson. Managing user involvement in service innovation: experiments with innovating end users. Journal of Service Research, 2003, 6(2):111-124.

[89] Pham M. T., Cohen J. B., Pracejus J. W., et al. Affect monitoring and the primacy of feelings in judgment. Journal of Consumer Research, 2001, 28(2): 167-202.

[90] Prahalad C. K., Ramaswamy V. Co-creation experiences: The next practice in value creation. Journal of Interactive Marketing, 2004, 18(3): 5-14.

[91] Pullman M. E., Gross M. A. Ability of experience design elements to elicit emotions and loyalty behaviors. Decision Sciences, 2004, 35(3): 551-578.

[92] Radnor Z., Walley P., Stephens A., et al. Evaluation of the Lean approach to business management and its use in the public sector. Edinburgh: Scottish Executive, 2006.

[93] Rajshekhar G. H., Sinha R. K., Kumar A. Market orientation, strategic flexibility, and performance: Implications for services providers. Journal of Services Marketing, 2005, 19(4): 212-221.

[94] Raykov T. Behavioral scale reliability and measurement invariance evaluation using latent variable modeling. Behavior Therapy, 2004, 35(2): 299-331.

[95] Rex Yuxing Du, Wagner A. Kamakura, Carl F. Mela. Size and share of customer wallet. Journal of Marketing, 2007, 71(2): 94-113.

[96] Richard K. Lyons, Jennifer A. Chatman, Caneel K. Joyce. Innovation in service: Corporate culture and investment banking. California Management Review, 2007, 50(1): 174-191.

[97] Robert Johnston. Towards a better understanding of service excellence. Managing Service Quality, 2004, 14(2/3): 129-133.

[98] Roberts K, Varki S, Brodie R. Measuring the quality of relationships in consumer services: An empirical study. European Journal of Marketing, 2003, 37(1/2): 169-196.

[99] Roberts. Internet marketing: Integrating online and offline strategies. McGraw-Hill, 2003.

[100] Rogelio Oliva, Robert Kallenberg. Managing the transition from products to services. International Journal of Service Industry Management, 2003, 14(2): 160-172.

[101] Rust R. T., Moorman C., Dickson P. R. Getting return on quality: Revenue expansion, cost reduction, or both? Journal of Marketing, 2002, 66(4): 7-24.

[102] Rust R. T., Oliver R. L. Should we delight the customer? Journal of the Academy of Marketing Science, 2000, 28(1): 86-94.

[103] Ruth N. Bolton. Invited commentaries on "evolving to a new dominant logic for marketing". Journal of Marketing, 2004, 68(1): 18-27.

[104] Sampson S. E., Froehle C. M. Foundations and implications of a proposed unified service theory. Production and Operations Management, 2006, 15(2): 329-343.

[105] Sandoff. Research in brief: Customization and standardization in hotel-a paradox or not?. International Journal of Contemporary Hospitality Management, 2005, 17(6): 529-535.

[106] Sara Bjorlin Liden, Bo Edvardsson. Customer expectations on service guarantees. Managing Service Quality, 2003, 13(5): 338-348.

[107] Schaubroeck J., Jones J. R. Antecedents of workplace emotional labor dimensions and moderators of their effects on physical symptoms. Journal of Organizational Behavior, 2000, 21(2): 163-183.

[108] Scott A. Neslin, Dhruv Grewal, Robert Leghorn, et al. Challenges and opportunities in multichannel customer management. Journal of Service Research, 2006, 9(2): 95-112.

[109] Sean de Burca, Brian Fynes, Evelyn Roche. Evaluating relationship quality in a business-to-business context. Irish Journal of Management, 2004, (2): 61-75.

[110] Sena Ozdemir, Paul Trott. Exploring the adoption of service innovation: A study of internet banking adopters and non-adopters. Journal of Financial Services Marketing, 2009, 13(4): 284-299.

[111] Shankar V., Smith A. K., Rangaswamy A. Customer satisfaction and loyalty in online and offline environments. International Journal of Research in Marketing, 2003, 20(2): 153-175.

[112] Shaw C., Ivens J. Building great customer experiences. Palgrave Macmillan, 2002.

[113] Sheth J.N., Sisodia R. S., Sharma A. The antecedents and consequences of customer-centric marketing. Journal of the Academy of Marketing Science, 2000, 28(1): 55-66.

[114] Shun-Hsing Chen, Ching-Chow Yang, Wen-Tsann Lin, et al. Service quality attributes determine improvement priority. The TQM Magazine, 2007, 19(2): 162-175.

[115] Shu-pei Tsai. Integrated marketing as management of holistic consumer experience. Business Horizons, 2005, 48(5):

431-441.

[116] Spear S. J. Fixing health care from the inside today. Harvard Business Review, 2005, 83(9): 78.

[117] Stephen L. Vargo, Robert F. Lusch. Evolving to a new dominant logic for marketing. Journal of Marketing, 2004, 68(1): 1-17.

[118] Sweeney J. C., Soutar G. N. Consumer perceived value: The development of a multiple item scale. Journal of Retailing, 2001, 77(2): 203-220.

[119] Szymanski D. M., Henard D. H. Customer satisfaction: A meta-analysis of the empirical evidence. Journal of the Academy of Marketing Science, 2001, 29(1): 16-35.

[120] T. Hennig-Thurau, M. Groth, M. Paul, et al. Are all smiles created equal? How emotional contagion and emotional labor affect service relationships. Journal of Marketing, 2006, 70: 58-73.

[121] Thomas Jacquelyn S., Ursula Y. Sullivan. Investigating best customers in a multi-channel setting. Working paper, Medill School, Northwestern University, Evanston, IL, 2005a.

[122] Thomas Jacquelyn S., Ursula Y. Sullivan. Managing marketing communications with multichannel customers. Journal of Marketing, 2005b, 69(4): 239-251.

[123] Totterdell P., Holman D. Emotion regulation in customer service roles: Testing a model of emotional labor. Journal of Occupational Health Psychology, 2003, 8(1): 55-73.

[124] Tsui, A. S. Taking stock and looking ahead: MOR and Chinese management research. Management and Organization Review, 2007, 3(3): 327-334.

[125] Tsui, A. S., Nifadkar, S. S., Ou, A. Y. Cross-national, cross-cultural organizational behavior research: Advances, gaps, and recommendations. Journal of Management, 2007, 33(3): 426-478.

[126] Valerie Mathieu. Service strategies within the manufacturing sector: Benefits, costs and partnership. International Journal of Service Industry Management, 2001, 12(5): 451-475.

[127] Van Doorn J., Lemon K. N., Mittal V., et al. Customer engagement behavior: Theoretical foundations and research directions. Journal of Service Research, 2010, 13(3): 253-266.

[128] Vanhamme J. The link between surprise and satisfaction: An exploratory research on how best to measure surprise. Journal of Marketing Management, 2000, 16(6): 565-582.

[129] Vargo S. L., Maglio P. P., Akaka M. A. On value and value co-creation: A service system and service logic perspective. European Management Journal, 2008, 26(3): 145-152.

[130] Vasilash G. How Toyota does it. Automotive Manufacturing and Production, 2000: 1-8.

[131] Vesanen. What is personalization? A conceptual framework. European Journal of Marketing, 2007, 41(5/6): 409-418.

[132] Voss C., Roth A. V., Chase R. B. Experience, service operations strategy, and service as destinations: Foundations and exploratory investigation. Production and Operations Management, 2008, 17(3): 247-266.

[133] Wallace D. W., Giese J. L., Johnson J. L. Customer retailer loyalty in the context of multiple channel strategies. Journal of Retailing, 2004, 80(4): 249-263.

[134] Weick, K. E. The generative properties of richness. Academy

of Management Journal, 2007, 50(1): 14-19.

[135] Weiss H. M. Deconstructing job satisfaction: Separating evaluations, beliefs, and affective experiences. Working paper, Department of Psychological Sciences, Purdue University, 2001.

[136] Whetten, D. A. Constructing cross-context scholarly conversations. In: A. S. Tusi and C. M. Lau, eds. The Management of Enterprises in the People's Republic of China. Boston: Kluwer, 2002: 29-47.

[137] Wolfgang Ulaga, Werner J. Reinartz. Hybrid offerings: How manufacturing firms combine goods and services successfully. Journal of Marketing, 2011, 75(6): 5-23.

[138] Yasin M. M., Wafa M. A., Small M. H. Just-in-time implementation in the public sector: An empirical examination. International Journal of Operations & Production Management, 2001, 21(9): 1195-1204.

[139] Yu Y. T., Dean A. The contribution of emotional satisfaction to consumer loyalty. International Journal of Service Industry Management, 2001, 12(3): 234-250.

[140] Zapf D., Holz M. On the positive and negative effects of emotion work in organizations. European Journal of Work and Organizational Psychology, 2006, 15(1): 1-28.

[141] Zeithaml V. A., Bitner M. J. Service marketing: Integrating customer focus across the firm. New York: McGraw-Hill, 2003.

[142] Zoe Radnor, Ruth Boaden. Lean in public services: Panacea or paradox? Public Money & Management, 2008, 2:3-7.

[143] Zumbo B. D., Gadermann A. M., Zeisser C. Ordinal versions

of coefficients alpha and theta for Likert rating scales. Journal of Modern Applied Statistical Methods, 2007, 6(1): 21-29.

[144] 艾尔·巴比著．邱泽奇译．社会研究方法．北京：华夏出版社，2005.

[145] 白长虹，李中，王潇．精益服务：从运作导向到顾客视角．现代管理科学，2010（8）：12～15.

[146] 白长虹．西方的顾客价值研究及其实践启示．南开管理评论，2001（2）：51～55.

[147] 曹花蕊，张金成．企业服务生产力及其应用模型研究．生产力研究，2008（7）：60～62.

[148] 陈荣平．服务柔性能力与模型：基于顾客价值的服务竞争优势理论.天津：南开大学出版社，2006.

[149] 陈晓萍，徐淑英，樊景立．组织与管理研究的实证方法．北京：北京大学出版社，2008.

[150] 程龙生．服务质量评价理论与方法．北京：中国标准出版社，2011.

[151] 窦大海，罗瑾琏．创业动机的结构分析与理论模型构建．管理世界，2011（3）：182~183.

[152] 范秀成．基于顾客的品牌权益测评．南开管理评论，2000，3（6）：9～13.

[153] 冯学东，林祝君．里兹—卡尔顿：标定奢华．北京：对外经济贸易大学出版社，2007.

[154] 郭晶．数字参考服务质量评估体系建立初探．上海交通大学学报，2003（S1）11：58～62.

[155] 韩晓芸，汪纯孝．服务性企业顾客满意感与忠诚感关系．北京：清华大学出版社，2003.

[156] 侯杰泰，温忠麟，成子娟．结构方程模型及其应用．北京：教育科学出版社，2004.

[157] 李海，张勉．组织凝聚力量表的构建与有效性检验．南开管理评论，2010，13（3）：136～149.

[158] 刘凤瑜，张金成．国外有关服务生产力概念研究评述．生产力研究，2004（10）：51～55.

[159] 刘月，罗利．服务管理理论研究进展．管理评论，2004，16（4）：33～37.

[160] 卢俊义，王永贵．顾客参与服务创新与创新绩效的关系研究．管理学报，2011，8（10）：1566～1574.

[161] 罗伯特·F. 德维利斯著．魏永刚，席仲恩，龙长权译．量表编制：理论与应用（第二版）．重庆：重庆大学出版社，2010.

[162] 罗伯特·K. 殷．周海涛译．案例研究：设计与方法（第三版）．重庆：重庆大学出版社，2004.

[163] 马文峰．试析内容分析法在社科情报学中的应用．情报科学，2000，18（4）：346～349.

[164] 孟昭兰．情绪心理学．北京：北京大学出版社，2005.

[165] 欧阳桃花．试论工商管理学科的案例研究方法．南开管理评论，2004（2）：100～105.

[166] 潘军．精益服务．北京：机械工业出版社，2009.

[167] 王金秀．“政府式”委托代理理论模型的构建．管理世界，2002（1）：139～140.

[168] 吴明隆．问卷统计分析实务——SPSS 操作与应用．重庆：重庆大学出版社，2010.

[169] 谢泗新，李荣．服务品牌战略管理与忠诚度的提升．企业研究，2008（3）：21～23.

[170] 邢博，杨坤，徐虹．博弈论视角下的服务质量约束策略研究．现代管理科学，2012（2）：24～26.

[171] 邢博．技术先进型服务企业客户关系质量影响因素研究——

探索性多案例的实证研究. 科学学与科学技术管理，2013，34（2）：53～62.

[172] 邢博，白长虹. 精益服务:理论、测量与有效性检验. 管理评论, 2014, 26（11）:106～118.

[173] 徐翼，苏秦，李钊. B2B 下的客户服务与关系质量实证研究. 管理科学，2007，20（2）：67～73.

[174] 杨龙，王永贵. 顾客价值及其驱动因素剖析. 管理世界，2002（6）：146～147.

[175] 叶凯莉，乔友庆. 顾客满意评量之再探讨. 管理评论，2001（2）：87～111.

[176] 约瑟夫·米歇利. 金牌标准——利兹卡尔顿酒店如何打造传奇客户体验. 北京：中信出版社，2009.

[177] 张敬伟. 扎根理论研究法在管理学研究中的应用. 科技管理研究，2010（1）：235～237.

[178] 张瑞金，李冬，于秋红. 顾客价值层次模型解析与实证研究. 管理世界，2008（10）：173～174.

[179] 张涑贤，苏秦，宋永涛等. B2B 下服务质量对关系质量的影响研究. 管理学报，2010，7（10）：1514～1571.

[180] 张文涛. 适度服务：一个基于服务生产率的理论构建. 管理世界，2006（3）：152～153.

[181] 支军，王忠辉. 自主创新能力测度理论与评估指标体系构建. 管理世界，2007（5）：168～169.

# 后记

本书是在我的博士学位论文的基础上改写而成的，攻读博士学位期间，尤其是博士学位论文创作期间的一些事情至今难以忘怀。

2003年金秋，我怀揣着对知识的憧憬和对总理母校的敬仰，进入了梦寐以求的南开园。从2003年到2013年，从18岁到28岁，我在这里度过了一个女孩子一生中最美丽的十年。

十年时光，如白驹过隙般悄然而过。回想初入南开园时的青涩模样，一切仿佛就如昨日般清晰。走过了十年的风霜雨雪，看过了十年的花开花落。十年时光仿佛定格在我18岁的时候，那个女孩子最花季般的光景，我保留了那份简单的纯净与快乐，对我而言这恰恰是最重要的东西。所不同的是，比起18岁的我，28岁的我多了几分知性与成熟，多了几分智慧与自信，更多了几分激情与豪情。

我从没有后悔当初要攻读博士学位的决定，即使在生活上和职业选择时常常面临种种由于"女博士"的头衔所带来的尴尬，但我仍然坚信自己的选择是正确的。我看过很多博士毕业论文中的致谢，有诉说辛酸经历的，有感叹世事无常的，有懊悔蹉跎岁月的，也有憧憬美好未来的，无论何种经历，都能引起我在某一方面的共鸣。读博士的这四年，对我而言不仅是积累与沉淀知识的四年，更是淬炼与坚定心智的四年。我用四年的时间，换来了迅速的成长，这种成长不仅仅是学术和知识上的，更是心灵和情感上的。

在我的成长中，要感谢的人太多太多。首先我要感谢我的恩师白长虹教授。能够成为您的学生，我很骄傲；能够聆听您的教诲，我很庆幸；能够在您为我们创造的平台中恣意发挥，我很幸运。在您的研究团队中，我度过了最快乐的四年。在这四年中，您让我对管理学有了更加鲜活和深刻的认识，您的思想和观点总能够在我陷入迷茫和误区的时候给我点拨，为我指明方向。您传授给我的不仅仅是研究管理问题的方法和技巧，还有看待人生问题的胸襟与气魄。无论是在科研上，还是在生活上，您都以身作则，为我做出了榜样，专业、激情、责任，无论我将来身处何方，都会时刻谨记您的教诲，力求无愧于兄弟连一员的称号。

我要感谢我的父母和家人，感谢你们为我的成长呕心沥血。从小到大，谢谢你们一直陪在我的身边，陪我欢笑，陪我哭泣，为我的成就而欢呼，为我的失败而懊恼。感谢你们一直以来对我无微不至的照顾和对我任性胡闹的宽容。你们是我前进的动力和奋斗的精神支柱，也是我最强大的后盾和最珍视的财富。能够守在你们身边，是我最大的愿望和幸福。

我要感谢在我求学期间给予我很多无私帮助的张金成教授、王迎军教授、崔勋教授、武立东教授、许晖教授、寇晓萱教授、徐虹教授、杨坤教授。你们给予了我很多学术上和做人上的教诲，在我的研究选题和写作过程中给予了悉心的指导和帮助。

感谢我的工作单位——天津商业大学的王庆生教授、王庆教授、李志刚副教授，是你们在工作上给予我各种支持，让我能够在新的岗位上继续我所热爱的研究，并将该研究成果整理出版，成为精益服务课题的重要里程碑。你们严谨治学的态度、孜孜不倦的精神深深地影响了我，帮助我顺利完成了从学生到教师的过渡，并时刻激励着我以传道授业解惑为己任，持续地做有利于学生、有利于理论发展和实践的有价值的研究。

2017 年 5 月

于天津商业大学